Imprimerie de Mme Ve DONDEY-DUPRÉ, rue Saint-Louis, 46, au Marais.

l'auteur

A Monsieur Hennequin membre de la chambre des députés.

DES MINISTRES

DANS

LA MONARCHIE REPRÉSENTATIVE,

PAR CHARLES **HIS**.

DEUXIÈME ÉDITION.

J'aimerais mieux qu'on dît qu'il n'y a pas de Plutarque que si on disait que Plutarque est injuste ou homme de faction.

PLUTARQUE, *OEuvres morales*.

PARIS.

DELAUNAY, LIBRAIRE,

PALAIS-ROYAL, GRANDE GALERIE DE PIERRE, 182 ET 183.

HEIDÉLOFF ET CAMPÉ, RUE VIVIENNE, 16.

DUFFAY, RUE DES MARAIS SAINT-GERMAIN, 17.

1837

DES MINISTRES

DANS

LA MONARCHIE REPRÉSENTATIVE.

DES MINISTRES

DANS LA MONARCHIE REPRÉSENTATIVE.

CHAPITRE PREMIER.

IDÉE GÉNÉRALE.

Aux termes de notre Charte, le roi est investi d'une portion du pouvoir législatif et de la totalité du pouvoir exécutif. Mais cette double prérogative, ce n'est pas le roi lui-même qui l'exerce; ce sont ses ministres en son nom. Le mode d'élection des ministres est donc le point le plus important de notre organisation politique. On peut dire que c'est la clef de la position.

En se plaçant au point de vue anglais, le roi peut choisir ses ministres entre quatre cent cinquante députés et environ trois cents pairs. Il a donc, en apparence, une grande latitude dans ses mouvemens. Le nombre et la nature des candidats semblent ici dépasser les proportions de toutes les exigences.

Cependant il est impossible d'oublier combien, au sein de cette abondance, la couronne éprouve de disette toutes les fois qu'il s'agit de former un nouveau ministère. Deux fois, en deux années successives, elle a été prise en flagrant délit d'impuissance : et si, dans la triple crise dont nous avons été témoins en 1836, elle a fini par être plus heureuse qu'en 1834 et 1835, la longue durée de ses efforts et le peu de durée de ses combinaisons n'en ont pas moins témoigné qu'auparavant toute l'étendue de ses embarras.

Lorsqu'un pouvoir est dans les conditions d'avenir, plus il avance et plus ses forces augmentent; chaque jour il gagne du terrain; chaque jour il aplanit une difficulté. Quand, au contraire, ses embarras vont en augmentant, au lieu d'aller en diminuant, il est impossible de ne pas reconnaître l'existence de quelque vice inhérent au cœur même de l'organisation.

Or c'est précisément ce qui nous arrive. Au lieu de voir diminuer les embarras de la royauté dans l'exercice de sa prérogative, il est constant que nous les voyons augmenter. Au lieu de voir s'accroître le nombre des aspirans parmi lesquels elle serait libre de choisir, contrairement à la nature des passions humaines, on le voit successivement diminuer : et aujourd'hui il est presque réduit à un mouvement de va et vient entre trois ou quatre candidats *. Qu'on ne croie pas que cela tient à des circonstances qui ne se représenteront plus, et que quelque intrigue passagère complique une situation très-simple en elle-même. Je ne crains pas d'affirmer que plus on ira, plus on s'embarrassera, et que ce qu'on regarde comme une crise passagère est un danger permanent.

Force est donc d'examiner d'abord quelle peut être la cause de cette sorte de suspension

* La première édition de ce travail, celle qui contenait les lignes qu'on vient de lire, a paru dans les premiers jours de mars de cette année, et c'est vers le milieu du même mois qu'a éclaté la nouvelle crise à la suite de laquelle est intervenue la combinaison du 15 avril. Il n'y a rien eu dans cette crise ni dans cette combinaison qui pût faire varier mes idées.

de vitalité qui paralyse si fréquemment la marche de notre système constitutionnel, et ensuite s'il ne serait pas possible d'y apporter quelque remède. Force est d'examiner si nous sommes aussi pauvres que nous en avons l'apparence, ou si seulement nous ne savons pas tirer parti de nos richesses. Le gouvernement d'une grande nation ne peut pas rester ainsi emprisonné, et il y a nécessairement quelque chose de mieux à faire.

Quant à la cause, j'espère démontrer qu'elle tient à ce que le point de vue sous lequel on s'est placé est entièrement faux ; qu'il n'y a point d'analogie entre la position des pouvoirs de la Grande-Bretagne tels que les avait faits sa révolution de 1688 et la position des pouvoirs de la France tels que les ont faits la Charte de 1814 et la révision de 1830. Rien ne se ressemble dans la nature, pas une feuille, pas un arbre, pas un homme ; à plus forte raison pas un peuple. Vous voulez régulariser une position nouvelle et française par l'imitation d'une position ancienne et anglaise ; cela est impossible. Aucune force ne peut s'attacher à un pareil amalgame. Notre loi fondamentale a placé le pouvoir royal au premier rang des pouvoirs publics. Si vous prenez, pour l'y maintenir, les moyens qui ont été employés ailleurs pour le retenir au dernier, il est évident que vous faites un contre-sens.

Quant au remède, quant aux moyens qu'il faudrait employer pour retirer le pouvoir royal des embarras auxquels il est si souvent exposé, vainement on irait les chercher dans les vieilles formules de la routine parlementaire, il n'y a rien dans tout cet arriéré qui puisse nous servir de guide.

La politique est une science d'observation. Les doctrines y changent comme les faits, et celles de l'étranger appliquées aux événemens de la patrie ne sont pas moins des erreurs que celles des temps passés appliquées au temps présent. Les doctrines ne tirent leur puissance que de leur rapport avec la situation particulière du pays auquel on les destine, et le propre d'une bonne organisation politique est de ne pouvoir s'appliquer qu'au pays et au temps pour lequel elle est faite.

Sous peine de la vie, il faut sortir du cercle des réminiscences. Ce n'est pas dans une nécessité passagère, mais dans une sérieuse sollicitude de l'avenir que nous devons puiser nos inspirations. La France sait parfaitement ce qu'elle veut et ce qu'elle ne veut pas. Elle ne veut ni du despotisme d'un seul, ni du despotisme de plusieurs, ni du despotisme de tous. Elle veut l'ordre et la liberté; elle veut le principe monarchique appuyé sur les institutions représentatives. Mais ce que la France ne sait pas, c'est le moyen d'éviter ce qu'elle redoute et d'obtenir ce qu'elle désire. L'instinct est le génie des masses; c'est au législateur à développer ce que le peuple sent. Par malheur les sophistes ont tout embrouillé, et il n'y a pas aujourd'hui une seule vérité qui ne soit l'objet constant de tous les doutes. Force est donc aussi de fouiller notre sujet jusque dans la profondeur de ses entrailles, pour y découvrir, s'il se peut, les principes éternels.

Tout gouvernement résulte de deux opérations très-distinctes, mais également indispensables.

D'abord il faut créer les pouvoirs publics.

Ensuite il faut déterminer l'action de ces pouvoirs par des règles et des conditions qui en assurent l'exercice et en perpétuent la durée.

Les lois qui servent à consacrer la première opération, prennent le nom de lois *fondamentales* ou *constitutionnelles*.

Celles qui règlent la seconde, qui déterminent les conditions de l'exercice des pouvoirs, afin qu'ils atteignent le but pour lequel ils sont établis, s'appellent *lois organiques*.

Au rang des attributions du pouvoir royal, et parmi les obligations que notre loi constitutionnelle lui impose, se trouve tout à la fois le droit et le devoir de nommer des ministres chargés de le représenter dans l'exercice de sa capacité législative comme de sa capacité exécutive.

Mais ce n'est là que la moitié de la tâche imposée au législateur. Après cette attribution de la loi fondamentale, la loi organique à son tour devait lui procurer le moyen facile d'atteindre le but pour lequel il est institué. Toute prérogative qui ne porte pas avec elle sa garantie est une déception.

Eh bien! ce moyen n'existe pas. Avec le droit et le devoir de nommer ses ministres, le roi n'a pas reçu la condition propre à en assurer l'exercice et à en perpétuer la durée. *Nous avons une machine à laquelle il manque un rouage.*

Tant que durera cette lacune, nulle solution définitive n'est possible. A peine sortis d'une crise, nous retomberons dans une autre. Endormis au bruit des fanfares, nous pouvons nous éveiller au son du tocsin. L'ordre public toujours victorieux sera toujours menacé, et la patrie toujours sauvée sera toujours en péril.

Ce n'est pas pour la première fois que j'exprime ces idées et que je me hasarde à combattre sur tant de points capitaux les opinions généralement accréditées. En 1824, sous le ministère de M. de Villèle*, et en 1829, sous le ministère de M. de Martignac**, j'ai publié des aperçus qui, sans être complètement identiques, étaient du moins fort analogues à ceux qu'on va lire.

Je disais dès lors que du point de vue où on s'était placé, toutes les questions se présentaient sous un faux jour, et que le plus grand danger de la position était dans la doctrine des hommes, depuis long-temps en possession de diriger les pouvoirs publics. Je disais que le mal ne serait pas si avant dans les choses, s'il n'était plus avant encore dans leurs idées. Livré à deux mouvemens entièrement opposés, et privé de tout moyen de conciliation, le gouvernement devait infailliblement être emporté par l'un ou par l'autre.

Il l'a été en effet. Trois générations de rois ont été sacrifiées, et il n'y a maintenant que des débris à la place même où l'on se refusait à voir un écueil. Cependant cette expé-

* *Du Roi dans la Monarchie représentative.*

** *Théorie de la Monarchie représentative.*

rience ne nous a rien appris. Nous vivons au milieu des crises, comme les statues au milieu des tempêtes : nous les subissons sans les comprendre.

On croit que pour changer les choses il suffit de changer les hommes, et que tout dépend de la bonne ou de la mauvaise volonté de ceux qui sont investis du pouvoir. On se trompe. La force des hommes ne peut rien contre la force des choses. Quand les positions sont fausses, il est impossible que les actes ne le soient pas. En un mot : tout est subordonné à la bonne ou à la mauvaise organisation des pouvoirs publics.

Je rentre donc encore une fois dans l'arène ; parce que, pour moi, la question n'a pas changé de place ; parce que la facilité avec laquelle la Chambre des députés renverse les ministres et la difficulté que le roi trouve à les remplacer, ont plutôt augmenté que diminué depuis la révolution de 1830 : enfin, parce qu'au lieu de marcher vers une situation régulière, il me semble que nous nous en éloignons tous les jours davantage. Et puis, quand on s'est mis au service d'une idée, il faut savoir lui être fidèle et ne pas se rebuter sitôt de la voir si peu comprise. C'est par ordre même de la nature que les germes se développent lentement; et le propre de toute idée nouvelle est d'être d'abord méconnue. Trop heureuse encore de n'être ni baffouée ni persécutée!

Pour moi donc, il ne s'agit encore de rien moins que de remédier à un état de choses qui place la dynastie de la branche cadette dans une position non moins périlleuse que celle où nous avons vu succomber la branche aînée. Il ne s'agit de rien moins que d'empêcher une nouvelle révolution. La France ne veut pas voir recommencer les 221. Je prends la plume pour lui en indiquer le moyen.

Mais si on laisse subsister les mêmes causes, on devra toujours craindre le retour des mêmes effets. Les conséquences sont forcées tant qu'on reste dans les positions qui les ont produites. Et les événemens qui ont déjà dominé notre passé peuvent d'un instant à l'autre fondre sur notre avenir. Quelle époque que la nôtre! N'est-il donc pas temps de briser l'échelle à l'aide de laquelle on monte périodiquement à l'assaut du pouvoir? n'avons-nous pas assez versé d'or et de sang?

CHAPITRE II.

DU GOUVERNEMENT REPRÉSENTATIF.

Je viens de le dire : toute la puissance est dans les idées, et rien ne s'accomplit dans le monde des faits, s'il n'existe d'abord dans le monde des idées. Ce sont donc les fausses idées qu'il faut commencer par combattre. Ce sont là les grands coupables pour lesquels il faut être sans pitié; car si vous ne les tuez pas, ils vous tuent.

Le plus dangereux de tous, celui dont les autres ne sont en quelque sorte que les complices, est celui-là même qui est désigné dans les expressions qui forment le sujet de ce chapitre. Ainsi non seulement le mode actuel de choisir les ministres, mais une foule d'autres usages parlementaires qui sont observés chez nous avec une fidélité scrupuleuse, ne le sont que parce que nous les considérons comme les conséquences invariables *du gouvernement re-*

présentatif. Eh bien! si on veut prendre les termes dans la rigueur de leur acception (et sans cette précaution toutes les grandes questions seraient insolubles), si, dis-je, on veut prendre les termes dans la rigueur de leur acception : IL N'Y A POINT DE GOUVERNEMENT REPRÉSENTATIF.

Ce qu'on appelle de ce nom est un nouvel état de la société, et non une nouvelle nature de gouvernement. Pour qu'un gouvernement soit représentatif (locution que je n'emploie qu'à dessein d'en montrer l'insuffisance), il suffit que les grands intérêts de la société y soient représentés, et que chaque institution garante de cette faculté de représentation, érigée en pouvoir public, ait, dans sa sphère particulière, le libre arbitre de sa volonté; mais cela ne suffit pas pour qu'il y ait gouvernement.

Les conditions gouvernementales et les conditions représentatives sont des conditions fort différentes. Le principe représentatif, qui n'est autre que le principe garant des libertés, et le principe gouvernemental, qui n'est autre que le principe garant de l'ordre, sont deux principes fort distincts. Le premier peut s'allier à tous les principes de gouvernement, mais ne saurait jamais les remplacer.

En Angleterre, il s'est uni d'abord au principe aristocratique, parce qu'à cette époque de son premier développement il n'avait d'abri possible que sous l'aristocratie. Mais c'est contre toutes les règles de la science, contre toutes les lois de la logique, qu'on vient aujourd'hui ériger ce fait particulier en maxime générale pour tous les pays et pour tous les temps.

Maintenant, en France, tout gravite vers le droit commun. Le principe représentatif ne peut donc s'allier en France qu'à un principe compatible avec ce nouvel état de la civilisation. Il ne peut donc aujourd'hui y avoir rien de commun entre les conséquences du gouvernement représentatif telles qu'on les a si longtemps comprises en Angleterre, et les conséquences du gouvernement représentatif telles qu'on devrait maintenant les comprendre en

France. Les conditions des pouvoirs sociaux ne peuvent être les mêmes quand l'état de la civilisation est si différent. Il faut de l'affinité entre les pierres d'un édifice et le ciment qui doit les unir, si on veut que le monument subsiste.

L'imitation est le grand inconvénient des peuples avancés dans la civilisation. C'est la punition des érudits : et nous la subissons dans toute sa rigueur. De tant d'idées que nous avons remuées depuis bientôt un demi-siècle, il n'y en a pas une seule qui nous appartienne en propre. On nous reproche de manquer de courage politique; on se trompe. Ce n'est pas le courage qui nous manque : c'est la pensée. Au siècle des lumières, nous périssons d'ignorance.

Chaque peuple a ses moyens à part, et il eût été plus facile d'admettre la différence des moyens pour arriver au même but, que de torturer un moyen général pour le faire servir partout. On a voulu le système anglais, sans réfléchir que ce qui était bon autrefois en Angleterre n'existait qu'à des conditions qui n'ont jamais existé en France, et qui aujourd'hui n'existent plus même en Angleterre. Comment gouverner en s'isolant des grands faits sociaux particuliers à chaque nation, et qui sont les élémens inséparables de la situation qu'on est chargé de diriger?

Que peuvent les théories et les argumentations contre cette diversité des temps et des sociétés humaines? Il y a autant de gouvernemens représentatifs distincts que de positions sociales susceptibles de devenir des positions gouvernementales. Ceux donc qui, faute d'une attention assez soutenue, ne proscrivent pas l'alliance de ces deux expressions à cause de leur insúffisance, devraient au moins la rejeter à cause de son obscurité; car, quand on a dit à quel signe on reconnaît qu'un gouvernement est *représentatif*, il reste encore à dire celui auquel on peut reconnaître qu'il est *gouvernement*.

Je prie qu'on s'arrête à cette première idée: «IL N'Y A PAS DE GOUVERNEMENT REPRÉSENTATIF.» C'est une donnée nouvelle qui, en expliquant les erreurs passées, peut empêcher les erreurs à venir. Mais tant que l'on confondra la forme et le fond, l'idée mère et les idées subordonnées, il est impossible de rien faire qui offre la moindre garantie de stabilité. Aujourd'hui ceci paraît peut-être un paradoxe; demain ce sera un lieu commun. La puissance des faits ne peut tarder à l'emporter sur le prestige des sophismes. En dépit de tous les efforts, on ne violera pas les lois éternelles, et ce qui ne devra pas être ne sera pas.

CHAPITRE III.

DE LA CLASSIFICATION DES GOUVERNEMENS A INSTITUTIONS REPRÉSENTATIVES.

Ce n'est pas assez de combattre les fausses idées, il faut encore leur en substituer de meilleures. L'erreur ne sera pas détruite tant qu'elle ne sera pas remplacée par la vérité.

Que faut-il donc pour qu'il y ait gouvernement? Il faut que, parmi les pouvoirs, il y en ait un qui exerce la suprématie. Il faut que l'un soit la force motrice de l'état, le principe du gouvernement en un mot, LE POUVOIR DOMINANT; les autres ne peuvent être que la force d'inertie, les POUVOIRS-LIMITES.

Telle est la donnée fondamentale de tout gouvernement à plusieurs pouvoirs. Telle est la pensée qui doit protéger les institutions représentatives de son irrésistible autorité. Que les chartes émanent de la souveraineté populaire ou de la souveraineté royale, elles ne transgresseront jamais impunément cette double condition. Si la sagesse suprême n'est pas quelque part, l'état sera sans cesse exposé à l'inconvénient des conflits.

Est-ce le pouvoir aristocratique que l'état de la civilisation a mis en possession de la suprématie, comme cela a existé en Angleterre, depuis 1688 jusqu'à la loi de réforme? Dès lors c'est à lui qu'appartient la direction des affaires intérieures et extérieures; c'est lui qui indique aux autres pouvoirs le but de la loi et la marche de l'administration. Il est le principe du gouvernement, le pouvoir dominant. Les pouvoirs représentatifs des autres intérêts ne sont que des pouvoirs-limites. Le gouvernement est une ARISTOCRATIE REPRÉSENTATIVE.

La première de ces expressions indique, comme on voit, la nature du gouvernement; la seconde ne s'entend que de la nature des institutions. Dans la science politique, comme dans les autres sciences, le fait le plus saillant de l'organisation, le principe constitutif de l'être doit déterminer le mode de la classification.

L'état de la civilisation est-il tel que, sans s'embarrasser des classes supérieures et des classes inférieures, la classe moyenne puisse faire mouvoir à son profit le pouvoir monarchique? Dès lors elle est le principe du gouvernement, le pouvoir dominant. Les pouvoirs représentatifs des autres intérêts ne sont que des pouvoirs-limites; et il y a nécessité de créer un mot nouveau pour exprimer une nouvelle position. Le gouvernement sera une MÉSOCRATIE REPRÉSENTATIVE*.

Au contraire, est-ce le pouvoir démocratique qui est en possession de la suprématie? le gouvernement est une DÉMOCRATIE REPRÉSENTATIVE.

Mais l'aristocratie et la mésocratie ne représentent que la majorité d'un seul des intérêts sociaux. La démocratie est plus tyrannique encore; c'est l'oppression des supériorités par

* Μέσος, moyen; κρατέω, je gouverne.

les masses. Maintenant l'état de la société française est tel que la condition du pouvoir dominant consiste à ne laisser aucun intérêt hors de son action. Le besoin d'égalité est devenu le plus puissant de tous nos besoins, et il n'y a que le pouvoir monarchique qui soit apte à le satisfaire; parce qu'il n'y a que lui qui ne soit point exclusif; parce qu'il n'y a que lui qui puisse répondre à toutes les exigences d'un pays parvenu au degré de civilisation où nous sommes aujourd'hui.

Que le législateur comprenne cette position; qu'il fournisse au monarque un mode de choisir ses représentans en harmonie avec cette grande nécessité : alors, mais seulement alors, le pouvoir monarchique sera la force motrice de l'état, le principe du gouvernement, le pouvoir dominant. Les pouvoirs représentatifs des autres intérêts ne seront que des pouvoirs-limites. Le gouvernement sera une MONARCHIE REPRÉSENTATIVE.

Ceux qui croient qu'il y a monarchie toutes les fois qu'il y a un monarque au rang des pouvoirs de la société, et ceux qui soutiennent que dans les gouvernemens à institutions représentatives le pouvoir monarchique est essentiellement obéissant, sont également hors de la vérité. A la différence des corps physiques, c'est la volonté et non l'action qui fait l'essence des corps politiques; et, quel que soit celui des pouvoirs qui a la part principale dans la formation de cette volonté, c'est à lui qu'est réservé le droit de spécifier la nature du gouvernement et de le marquer de son sceau particulier.

CHAPITRE IV.

CONSÉQUENCES DE LA DIVERSITÉ DU PRINCIPE DANS LES GOUVERNEMENS A INSTITUTIONS REPRÉSENTATIVES.

Parmi les maximes de gouvernement, il y en a de flexibles et qui se prêtent à des modifications diverses. Il y en a d'autres qui sont immuables, et sur lesquelles aucune transaction n'est possible. Celles indiquées dans les deux chapitres précédens sont dans cette dernière catégorie. L'indécision sur celui des pouvoirs auquel appartient la suprématie conduit inévitablement à l'anarchie. En politique il faut un système; et un système politique s'entend tout à la fois de la série des moyens à l'aide desquels chaque pouvoir remplit sa mission particulière, et de la pensée qui préside à l'harmonie générale. Comment déterminer toutes les conditions propres à atteindre un but? comment en démontrer la nécessité à ceux qui voudraient vous suivre, si on n'a pas de but, si on ne sait ni d'où l'on vient, ni où l'on va?

Une fois le pouvoir suprême bien constaté, une fois ce point capital hors de controverse, il reste encore à en déduire toutes les conséquences. Par malheur, les hommes capables de concevoir un système et d'en embrasser simultanément toutes les conséquences sont rares. La première de toutes, celle qu'il faut commencer par admettre, parce que, en dehors de cette conséquence, il n'y a point de salut possible; la première, dis-je, *c'est que le pouvoir dominant ne peut pas changer de place, sans que les diverses positions politiques ne doivent subir un mouvement analogue.*

Chaque période historique peut avoir son principe particulier. Par ce mot de *principe* j'entends ici tout simplement un fait produit par des idées supérieures à toutes celles qu'on pourrait lui opposer dans une circonstance donnée. Les conditions sur lesquelles le précédent principe était appuyé ayant pu cesser d'exister, il a dû être remplacé par un autre.

C'est là ce qu'on appelle une *révolution*.

Si donc le gouvernement a passé de l'aristocratie à la démocratie, celles des attributions qui étaient précédemment le partage du pouvoir aristocratique, considéré comme pouvoir dominant, ont dû aller au pouvoir démocratique; et, par la même raison, celles des attributions qui étaient le partage du pouvoir démocratique, considéré comme pouvoir-limite, ont dû devenir celles du pouvoir aristocratique. *Il faut que tout change en même temps dans un état si on veut y retrouver le même ordre et la même harmonie.*

Les lois ordinaires elles-mêmes ne devraient pas être exceptées de cette subordination au principe particulier à chaque gouvernement; et c'est le défaut de nos divers codes d'être dénués de ce caractère de spécialité. Le légiste y est partout, le législateur nulle part. Notre Code de procédure a bien un autre défaut. Il est rédigé de telle sorte que toutes les garanties légales peuvent être violées légalement, et qu'il est impossible à l'homme de bonne foi d'échapper à ses piéges.

On comprend facilement que chaque système

ayant son unité, la moindre atteinte portée à une de ses parties jette le trouble dans l'ensemble. Toute loi faite pour régler l'exercice du gouvernement et qui tendrait à altérer son principe, ou qui même, sans l'altérer, ne le fortifierait pas par son identité d'esprit et de but, en se montrant comme un jet sorti du même rameau, dérive nécessairement d'un principe autre que celui auquel elle est destinée, et expose l'état à tous les inconvéniens qui résultent du défaut d'harmonie dans l'ensemble de l'organisation. La puissance divine elle-même serait en défaut si elle voulait produire l'ordre avec des élémens discordans.

Si donc dans une aristocratie vous faites des lois qui dérivent du principe monarchique, vous introduisez dans le système aristocratique un élément destructeur de son principe, et l'état aura nécessairement une tendance plus ou moins marquée vers une révolution favorable au principe monarchique. Si, au contraire, dans une monarchie vous faites des lois qui dérivent soit du principe aristocratique, soit du principe démocratique, les eussiez-vous faites aux cris mille fois répétés de *vive le roi!* vous introduisez dans le système monarchique un élément destructeur de son principe, et l'état aura nécessairement une tendance plus ou moins marquée vers une révolution favorable à l'aristocratie ou à la démocratie.

C'est surtout dans les gouvernemens à plusieurs pouvoirs qu'il est interdit de faire des fautes de ce genre. Là les partis ne cessent pas un seul instant d'être en présence. En cédant le terrain à ses adversaires, on n'a pas détruit par cela l'hostilité des positions : seulement on a diminué ses moyens de succès. Ce que perd la royauté, la république le gagne. Les concessions n'y sont donc pas moins dangereuses que les usurpations; et bien qu'ici on agisse sur des masses intelligentes et passionnées, les événemens n'en sont pas moins soumis à des lois qui peuvent être tracées d'avance.

Citons un exemple :

La Charte de 1814 avait établi deux modes de renouvellement de la chambre élective, l'un partiel prescrit par l'art. 37, l'autre général autorisé par l'article 50. Le premier était la règle commune; le second était une exception à laquelle le roi pouvait avoir recours dans une circonstance donnée dont lui seul était juge.

« Quand le pouvoir royal est le pouvoir do- » minant, la combinaison qui laisse le moins » de temps possible dans son état d'identité, » celui des pouvoirs dont l'ascendant est le » plus propre à porter atteinte à sa supré- » matie; la combinaison, dis-je, qui laisse ce » pouvoir le moins de temps possible dans son » état d'identité est la meilleure. Elle est le » plus grand obstacle à ce que le gouvernement » du roi puisse devenir le gouvernement de la » chambre. »

« Quelle différence en effet entre une cham- » bre divisée en séries d'une durée inégale, qui » ne peut se considérer ni comme un parti, ni » comme un corps permanent, et une chambre » septennale, qui a le temps de donner un esprit » de corps à sa majorité, en sachant que, dans » un espace de temps fort long, elle ne peut » être ni modifiée ni ébranlée; qui peut se créer

» un but, des intérêts; dont tous les membres, » devant rester ou sortir ensemble, placent » leur force dans leur union et se regardent » comme solidaires les uns des autres!

» On a traité de réglementaire la disposition » qui substitue un renouvellement intégral tous » les sept ans au renouvellement par cinquième » chaque année : on s'est étrangement trompé. » L'article qui prescrivait le renouvellement par » cinquième était, après celui qui confère au roi » l'initiative de la loi, le plus monarchique, » partant le plus constitutionnel de la Charte*. »

Il y a maintenant treize ans que ces lignes ont été publiées, et je ne crois pas que le temps ou les événemens aient altéré leur valeur. Dans une chambre progressivement renouvelée il y a peu d'engagemens sérieux, peu de solides alliances. Quel fond un parti peut-il faire sur le secours d'un autre parti que le sort va bientôt rendre à sa première obscurité?

* *Du Roi dans la Monarchie représentative*, page 84. Paris, 1824, chez Ladvocat.

que peuvent se promettre les uns aux autres ceux qui restent et ceux qui s'en vont?

Avec le renouvellement périodique, surtout en adoptant toutes les conséquences que l'école spéculative regarde comme inhérentes au gouvernement représentatif, les changemens arrivent au fur et à mesure des besoins; il n'y a jamais de grandes secousses. Une action lente et graduelle est le véritable instrument des améliorations; tandis qu'avec le renouvellement intégral on peut, d'un instant à l'autre, être contraint à tout changer, les hommes et les choses, l'administration du dedans et les alliances du dehors. Je demande de quel côté est l'esprit d'ordre et de conservation?

Eh bien! c'est M. de Villèle, c'est le grand ministre de la branche aînée qui a substitué le renouvellement intégral au renouvellement partiel.

Dans tout pays on reconnaît des intérêts matériels et des intérêts politiques. Pour les uns comme pour les autres, il faut des vues droites; mais il les faut d'une étendue différente. Les conditions de prospérité particulière sont autres que celles de l'ordre public. Envisagé sous ce double rapport, M. de Villèle a parfaitement accompli la double condition attachée à sa force et à sa faiblesse. Il a porté le crédit au plus haut degré; mais il a préparé les 221, partant le coup d'état.

On le voit, il n'y a pas de question politique isolée; il n'y en a point qui ne se rapporte plus ou moins directement au principe du gouvernement, et qui ne puisse ou le fortifier, ou le compromettre. *Le monde politique est, comme le monde physique, soumis à des lois indépendantes de nos sophismes, et sans que notre position ou nos vœux y puissent rien changer; chaque loi produit invariablement les effets qui lui sont propres.* N'abandonnons point cet infaillible guide.

En Angleterre du moins, avant la loi de réforme, les ministres, bien que proclamés par le roi, étaient réellement nommés par l'institution garante des intérêts aristocratiques. Il en devait être ainsi : car si dans l'aristocratie le pouvoir aristocratique n'était pas le maître de la nomination des ministres, il ne serait pas le pouvoir dominant. Mais lorsque, dans une monarchie, vous adoptez le mode de choisir les ministres en harmonie avec le principe aristocratique, si ce que je viens de dire est vrai, dès lors vous préparez une révolution qui, tôt ou tard, sera favorable à l'aristocratie, c'est-à-dire au monopole d'une seule classe, à l'exclusion de toutes les autres. Cette conséquence est de rigueur. Si donc nous voulons la monarchie, n'oublions pas que sa condition est de fonctionner monarchiquement.

Comment donc faudrait-il choisir les ministres dans la monarchie représentative?

Avant de répondre, je dois écarter quelques idées trop fortement accréditées pour ne pas m'empêcher d'être compris. On se récrie beaucoup contre les préjugés de la classe ignorante. Ceux de la classe savante ont des racines bien autrement profondes, bien autrement vivaces;

et ce sont ces derniers auxquels j'ai déclaré la guerre.

Ce ne sont pas des idées secondaires que je viens combattre, ni des idées secondaires que j'essaierai de fonder. Il en est de ce débat comme de celui qui aurait lieu entre des personnes de religions différentes. Attaquer séparément tels ou tels dogmes, ou établir isolément telles ou telles vérités, ce serait perdre son temps. De cette manière, on ne fait sentir ni la faiblesse des unes, ni la force des autres : on dépouille celles-ci de leurs moyens de conviction ; on laisse à celles-là l'immense avantage qu'elles ont d'être reconnues. J'ai affaire à toute la vieille école, que j'appellerai désormais l'*école spéculative*, d'abord parce que cette épithète caractérise bien sa nature ; ensuite parce qu'elle m'évite l'inconvénient d'employer des sobriquets dont l'usage peut toujours paraître plus ou moins injurieux. Les bases sur lesquelles elle s'appuie sont *l'équilibre des pouvoirs*, *les majorités parlementaires et la souveraineté du peuple*. Ce sont ces trois colonnes dont il faut d'abord démontrer la fragilité. Nous dirons ensuite comment on y peut suppléer.

Hommes de tous les pouvoirs et hommes de toutes les oppositions, vous tous qui de la hauteur de vos talens êtes tombés dans l'ornière de l'imitation, vous qui ne pouvez rien nous garantir par delà la pureté de vos intentions, c'est la religion dont vous vous êtes constitués les défenseurs et les ministres que j'attaque. Je le fais, j'ose le dire, avec assez de logique pour que votre silence, en face de ce défi, puisse jamais être interprété en votre faveur.

CHAPITRE V.

DE L'ÉQUILIBRE DES POUVOIRS.

En théorie, rien n'est plus facile que de substituer à la nécessité de la suprématie d'un pouvoir sur les autres, la nécessité du parfait équilibre des pouvoirs entre eux. Ni la parole, ni la plume ne se refusent à l'impartialité de cette combinaison. Mais, quand de la théorie on veut passer à la pratique, quand on veut quitter les nuages pour mettre pied à terre, s'il est permis de parler ainsi, on la sent qui se dérobe sous tous les efforts; et, au lieu d'une théorie plus ou moins séduisante, on ne retrouve plus qu'un sophisme suspendu sur l'abîme des impossibilités.

Un pouvoir est le produit d'une force. Des pouvoirs opposés sont le produit de forces contraires; et quand des pouvoirs égaux en force et rivaux en prétentions se trouvent en face les uns des autres, ils sont en état de guerre; ils tendent à s'entre-détruire et non à s'équilibrer. Telle est la nature des choses, et il n'est pas au pouvoir de l'humanité de trouver dans les choses d'autres élémens que ceux qui y sont enfermés. Il n'y a jamais eu, il n'y aura jamais de parfait équilibre des pouvoirs. Il y a incompatibilité entre cette maxime et l'existence du gouvernement. L'équilibre est la négation du mouvement, et, pour un gouvernement, la négation du mouvement, c'est la mort. Où était l'équilibre des pouvoirs en Angleterre, quand la Chambre des lords composait à son gré la Chambre des communes? Où est le gouvernement, depuis que la Chambre des communes a une position parallèle à celle de la Chambre des pairs?

Qu'on ne croie pas que, même en Angleterre, les hommes politiques aient jamais été dupes de toutes ces illusions de l'école spéculative! Non seulement les Anglais ne croient pas à l'équilibre des pouvoirs; mais ils y mettent en question jusqu'à leur division. « Je sais bien, disait à la Chambre des communes, dans la session qui a suivi immédiatement la loi de réforme, un homme sur lequel la jeune Angleterre fonde les plus hautes espérances, M. Macauley, je sais bien que la théorie de la constitution anglaise regarde le pouvoir législatif comme distinct du pouvoir exécutif; mais les hommes politiques ont toujours regardé cette distinction comme illusoire, et l'expérience a confirmé leur opinion. »

En effet, des pouvoirs complètement isolés les uns des autres ne forment pas plus un gouvernement que des colonnes complètement séparées ne formeraient un édifice. Chaque pouvoir doit être indépendant dans sa sphère; et, sous ce rapport, M. Macauley et les wighs, dont il était l'organe, me semblent hors de la vérité quand ils contestent la division des pouvoirs. Mais ces sphères doivent circuler autour d'un centre commun, et c'est probablement à cette idée d'unité qu'ils rallient leur pensée, quand ils refusent de distinguer le pouvoir législatif du pouvoir exécutif. Un système où chaque pouvoir s'organiserait à sa manière ne serait pas une œuvre logique. Les pouvoirs doivent plutôt être engrenés les uns avec les autres, de manière à former un tout homogène, que divisés comme des machines à part. Chaque pouvoir doit être approprié à sa fin particulière ; mais ensuite ils doivent être appropriés l'un à l'autre pour une fin commune.

Pour mieux faire comprendre mon idée, je vais en faire l'application. Aux termes de la Charte de 1814, le président de la Chambre des députés était nommé par le roi sur une liste de candidats choisis à la majorité des voix. C'était ainsi que la Chambre des députés était engrenée avec le pouvoir royal. Par la révision de 1830, le roi est étranger à la nomination du président de la Chambre. On a isolé la Chambre de l'influence royale ; on en a fait une machine à part ; et c'est une des plus graves atteintes qui aient été portées à l'harmonie de l'ensemble. Il ne faut pas qu'on puisse prendre un fauteuil pour un trône, ni un trône pour un fauteuil. Établir la hiérarchie des pouvoirs sur l'égalité sociale, voilà le but vers lequel, en France, doivent tendre tous les efforts du législateur.

Un gouvernement est un ensemble d'idées

subordonnées à une pensée principale. C'est une sorte de mécanisme dans lequel chaque rouage, tout en produisant son effet particulier, doit cependant concourir à l'action d'une force motrice principale à laquelle est particulièrement attaché le cours de l'ordre social.

Quand donc le législateur a établi les pouvoirs-limites, sa pensée a dû spécialement s'arrêter sur le mode le plus propre à les rattacher au pouvoir dominant; de telle sorte que, destinés à modérer ses mouvemens, ils ne puissent jamais les paralyser complètement. L'alliance du pouvoir et de la liberté, ce dernier terme auquel aspirent tous nos vœux, ne sera jamais cimentée qu'à ce prix. Mais présenter l'équilibre des pouvoirs comme la condition constitutive du gouvernement, c'est montrer une certitude dans une impossibilité, et placer la raison de l'ordre dans la source même de tous les désordres.

CHAPITRE VI.

DES MAJORITÉS PARLEMENTAIRES.

Le principe des majorités parlementaires découle naturellement de celui de l'équilibre des pouvoirs ; car à l'idée d'équilibre est jointe celle de repos : et, comme il faut qu'un gouvernement se meuve, force est de lui trouver un mode de rompre cet équilibre. Or, ce mode, selon l'école spéculative, ne peut être autre que celui des majorités parlementaires.

Les ministres ont-ils ou n'ont-ils pas la majorité ? Voilà en définitive comment peut se résumer tout le système qu'elle décore du nom de gouvernement représentatif.

Pour la solution des plus grands problèmes, il y a moins qu'une addition à faire ; et celui qui sait que 215 fait plus que 214, sait la politique tout entière. Le gouvernement n'est plus qu'une sorte de jeu de hasard dont le croupier, sous le nom pompeux de roi, proclame indifféremment les chances, tandis qu'armé du râteau d'or, le vainqueur ramasse les portefeuilles, et délivre à ses *partner* les dépouilles des perdans.

Par bonheur, ici le sens commun rejette ce que cette sorte de politique admet, et il n'est pas possible de croire que le gouvernement soit chose si simple, qu'il ait nécessairement acquis toutes les garanties de justice lorsque les ministres ont la majorité.

Pour commander à des intelligences, il faut une intelligence supérieure. Pour que la vie politique existe, pour qu'il y ait gouvernement, il faut une direction homogène et une action continue. Unité, fixité : tels sont les deux caractères sans lesquels il n'y a pas de gouvernement. Jamais les empires ne se sont élevés à un haut degré de puissance sans les réunir; et c'est surtout dans les gouvernemens où les élémens de l'ordre social sont à chaque instant mis en question, où les intelligences sont si fortement agitées par la tribune et par la presse, qu'il faut un centre de lumière pour guider, pour éclairer, pour commander la confiance.

La condition de toute majorité, pour être gouvernementale, est donc d'avoir un système à elle, une direction homogène et une action continue, d'avoir de l'unité et de la fixité.

Un gouvernement ne peut pas rester à la merci des orages que tous les mécontentemens peuvent soulever : il faut qu'il vive de sa propre vie et non sous le bon plaisir de toutes les majorités possibles. Une majorité gouvernementale ne doit tyranniser aucune opinion, mais il faut qu'elle en ait une, et que tous ses actes en dérivent. Le droit de libre examen, dans les matières politiques, n'exclut pas la foi de la majorité dans ses propres doctrines. L'école spéculative enseigne que le pays doit faire le système, et que la majorité doit le suivre : cela est impossible, et le temps n'est pas éloigné où l'on ne comprendra plus comment des hommes de talent et de probité ont pu soutenir une pareille absurdité. A moins qu'on ne regarde ce mot de gouvernement comme un non-sens, il faut lui attribuer la mission de régler les intérêts politiques de la société. C'est une chose étrange qu'à mesure que les besoins sociaux tendent à se compliquer davantage, on redouble d'efforts pour en annuler la direction.

Quand un fait n'a de valeur que par son côté politique, moral ou scientifique, c'est une erreur impardonnable que de regarder le nombre de ceux qui y concourent comme sa meilleure garantie. Que dirait M. Arago, si on lui proposait de soumettre un problème d'astronomie à la majorité de la décision des diverses classes de l'Institut, et de mettre en parallèle le vote du secrétaire perpétuel de l'Académie française avec le sien? Cependant, si on met de côté la question de spécialité, tous les membres de l'Institut indistinctement ne peuvent pas être supposés manquer de la capacité nécessaire pour porter un bon jugement. Eh bien! les problèmes de l'ordre politique exigent peut-être autant de connaissances spéciales, et ont certainement pour la société plus d'importance que les problèmes astronomiques. Si l'astronome vient à se tromper dans ses calculs, les astres n'en continuent pas moins leur marche accoutumée, tandis qu'en politique, à chaque erreur il faut une hécatombe. Eh! qui pourrait compter les hécatombes votées par les majorités?

Quel que soit le nom qu'on donne au nombre, quand il ne représente pas un principe, c'est toujours la force matérielle qu'on met à la place de la force intellectuelle. Les majorités ne sont quelque chose que comme l'expression, soit du pouvoir dominant, soit des pouvoirs-limites.

Il y a donc une grande différence à faire entre les diverses natures de majorité, et une grande lumière à répandre sur cette question. Il faut distinguer les majorités *positives* ou gouvernementales, c'est-à-dire les majorités qui ont un système à elles, une direction homogène et une action continue, des majorités purement *négatives*, c'est-à-dire destinées par leur nature à recevoir le système et non à l'imposer.

Dans tout gouvernement à institutions représentatives, quel que soit son principe particulier, la loi ne peut se passer de majorité. Ce n'est pas là ce que je viens attaquer; c'est au contraire ce que je viens défendre. Toutes les fois qu'il s'agit du concours à la confection des lois, chaque pouvoir a son action propre, qu'il dirige d'après sa volonté et son intelligence. Dans ce cas, l'action des pouvoirs-limites n'est pas moindre que celle du pouvoir dominant. En effet, si le pouvoir dominant n'était obligé que de faire subir la discussion à ses projets, sauf à ne suivre que ses volontés, les institutions ne seraient plus que *consultatives*, et non pas représentatives. Dans tout gouvernement à institutions représentatives donc, quel que soit son principe, toute loi refusée par la majorité d'un des pouvoirs-limites est une loi non avenue.

Mais, pour savoir si c'est par une majorité positive ou simplement par une majorité négative, il faut envisager la question sous une nouvelle face; il faut remonter tout à la fois et à la nature de cette majorité, et à la nature du gouvernement auquel elle appartient. Autre chose est pour les ministres de ne pouvoir faire passer les lois sans le concours de la majorité : autre chose est de recevoir sa direction et d'en être renversé toutes les fois qu'elle la leur refuse.

J'entends bien comment l'aristocratie anglaise, quand sa majorité était en possession des deux caractères constitutifs de tout gouvernement, quand elle unissait l'unité à la fixité, j'entends bien, dis-je, comment cette aristocratie pouvait imposer son système aux autres pouvoirs à l'aide de ministres pris dans sa majorité. Qui dit ministre dit *serviteur*, dit exécuteur d'une pensée à laquelle il participe, mais qui n'est pas la sienne propre. Ainsi quand, dans cette aristocratie, les ministres perdaient la majorité, ils ne pouvaient plus être les exécuteurs d'une pensée qu'ils étaient censés ne plus comprendre. La majorité alors était bien une majorité positive.

Mais si c'est le principe monarchique qui est le principe du gouvernement, je n'entends plus comment le rejet d'une loi par la majorité peut signifier que les ministres qui l'ont présentée n'ont pas compris la pensée du pouvoir qui les a choisis. La majorité dans ce cas ne peut être qu'une majorité négative. Les portefeuilles ne peuvent donc pas être à la même place dans la monarchie que dans la démocratie, l'aristocratie ou la mésocratie. Le rejet d'une loi par la majorité d'une des Chambres, dans la monarchie représentative, ne doit donc pas avoir la même influence sur le sort des ministres que dans les autres gouvernemens à institutions du même ordre, si l'on veut que le principe du gouvernement reste sans altération.

Règle générale : Dans les gouvernemens à plusieurs pouvoirs, les questions de cabinet ne regardent que le pouvoir dominant. Ainsi, dans la monarchie représentative, toute opposition systématique, toute opposition qui rejette les lois dans le dessein de renverser les ministres est une opposition inconstitutionnelle.

Maintenant, comment se fait-il que ce système des majorités positives, qui a si bien et si long-temps réussi en Angleterre, ne réussit pas de même en France? Cette question n'est pas moins importante que toutes les précédentes; car c'est de son examen que nous verrons sortir l'argument le plus puissant en faveur du principe monarchique, considéré comme pouvoir dominant.

En Angleterre, jusqu'à la loi de réforme, ce qu'on entendait par majorité et par opposition n'était qu'une lutte entre des hommes dévoués au même principe. Le dissentiment de l'opposition avec le ministère ne portait jamais que sur des questions incidentes, et toujours sur le choix des moyens propres à arriver au même but. Était-elle vaincue? rien d'important n'était compromis. Était-elle triomphante? rien d'important n'était ébranlé. Comme il n'était jamais question que de l'habileté à gouverner, bien que le ministère dût être le prix du vainqueur, ce changement ne touchait pas à de plus grands intérêts, et n'altérait aucune des maximes du gouvernement. Le pouvoir dominant changeait de main et non de nature. C'était le jeu de barres de nos enfans. Celui qui les gagne prend la place de celui qui les perd, et la partie continue sous les mêmes conditions. Mais ce jeu ne pouvait durer qu'autant que durerait l'harmonie entre l'opposition et le ministère, entre la Chambre des communes et la Chambre des lords. Écoutez aujourd'hui M. O'Connell : « L'année dernière encore j'aurais pu consentir à un compromis ; mais, après les insultes des lords, il n'y a plus de transaction possible *. »

Chez nous il n'y a rien de semblable, et nous verrons plus tard pourquoi il ne nous est pas permis d'espérer un changement dans notre position.

Examinées dans leur rapport avec un principe quelconque de gouvernement, nos oppositions (car nous en avons beaucoup) sont entre elles dans un dissentiment complet. Ce

* Ces paroles ont été prononcées le 11 novembre 1836, à la réunion de l'association générale de Dublin. Aujourd'hui M. O'Connell fait semblant de suspendre son système d'agitation. Ce n'est là qu'une ruse de guerre.

n'est pas seulement au pouvoir ministériel que chacune d'elles aspire; mais leur ambition à toutes est de se trouver en mesure de présenter des lois qui dérivent du principe particulier auquel chacune d'elles s'est vouée.

Examinées dans leur rapport entre elles, elles présentent des aversions si invincibles, des incompatibilités si profondes, qu'on serait tenté de croire qu'elles ne pourront pas continuer à vivre ensemble; on croit toujours les entendre répéter avec M. O'Connell : « Il n'y a point de transaction possible. »

Quant à nos majorités, elles ne sont autre chose qu'une aggrégation de minorités qui flottent incertaines au vent de toutes les improvisations plus ou moins séduisantes. Notre Chambre des députés a autant de centres de mouvement que d'hommes influens par la nature de leurs talens. Comme elle n'est pas liée à un principe, elle se divise nécessairement sur les hommes, de sorte que nous sommes condamnés à la domination du hasard. Lors donc qu'après bien du temps et des efforts la couronne est parvenue à former un ministère qui concilie tout à la fois ses sympathies personnelles avec les sympathies d'un assez grand nombre de minorités pour former une majorité, aussitôt toutes les ambitions déçues se replient sur toutes les ambitions hostiles, et la majorité du lendemain n'est déjà plus celle de la veille.

Maintenant, je le demande, est-ce bien là une majorité à l'anglaise, une majorité capable d'avoir une direction homogène et une action continue, est-ce bien là une majorité positive ?

Quand une majorité semblable est le principe du gouvernement, il est bien difficile que l'intrigue ne soit pas le principe de cette majorité. Tout y devient question de personnes, les choses ne servent plus que de prétexte. Comme la dernière majorité est toujours la plus puissante, il n'y a pas de combinaison, si étrange qu'elle puisse paraître au premier coup-d'œil, qui, à l'aide de ces déceptions et de ces coalitions, ne puisse se réaliser d'un instant à l'autre, sans que les conditions de la théorie des majorités à l'usage de l'école spéculative soient violées.

Non seulement ce n'est pas là une majorité positive, une majorité gouvernementale, mais comme elle n'est liée intimement à aucun principe, pas plus au principe mésocratique qu'au principe monarchique, pas plus à un pouvoir dominant qu'à des pouvoirs-limites, en voulant lui appliquer la théorie de la première des majorités, on lui fait perdre les avantages de la seconde, les avantages d'une majorité purement négative. Elle ne peut plus examiner les lois sous le rapport de leurs avantages ou de leurs inconvéniens, mais seulement sous celui qu'elles peuvent avoir avec le maintien ou la chute du ministère. Une fois le ministère formé, si elle veut qu'il subsiste, elle n'a plus rien à faire. Renverser les ministres ou les suivre en aveugle dans tout ce qu'ils proposent, voilà le seul parti qui lui reste à prendre. Les ministres sont tout et la majorité n'est plus rien. De serviteurs ils deviennent *maîtres ;* c'est la politique retournée.

Tout le monde a eu la majorité; tout le

monde l'aura. Il n'est pas nécessaire pour cela d'avoir des idées politiques, il suffit de savoir plaider ou professer. Quand une pierre fausse est bien taillée, on la fait chatoyer comme un vrai diamant. Pour distinguer l'une de l'autre, il faut être lapidaire. Mais quand il y a majorité pour tout le monde, il n'y a majorité pour personne. Nous n'avons pas manqué d'hommes qui ont fait leurs efforts pour la conserver, et toutes ces grandes capacités sont venues chacune à leur tour passer sous le niveau de l'impuissance. Comment, dans une telle position, l'idée de l'instabilité ne s'emparerait-elle pas des esprits? On ne voit pas pourquoi une nouvelle majorité n'emporterait pas le nouvel ordre de choses comme elle a emporté l'ancien.

Tant que durera cet état la porte restera constamment ouverte à toutes les éventualités : c'est une suite non interrompue de phases révolutionnaires; c'est une sorte d'anarchie qui trompe les moins clairvoyans, parce qu'elle se laisse discipliner par intervalles; c'est un système qui n'a ni bornes ni terme. En vain voudrait-on s'arrêter; la grande voix entendue par Bossuet est là qui vous crie : Marche! marche!...

Les républicains vous le répètent sans cesse et sur tous les tons : « Ou vous obéirez toujours à la majorité, ou un jour viendra où vous lui résisterez. Si vous obéissez toujours à la majorité, nous l'aurons et nous en profiterons pour proclamer la république. Si vous y résistez, vous irez à Prague. »

Les légitimistes n'y mettent pas moins de franchise.

« Les coups d'état, disent-ils, paraissent le résultat nécessaire du conflit organisé entre les divers pouvoirs de notre régime constitutionnel. Dans un temps déterminé il se rencontrera nécessairement telle circonstance où les royalistes profiteront à leur tour de la violation de la loi dite fondamentale, quelque mauvaise que soit la loi violée, et quelque légitime qu'en puisse être la violation. »

« Il y a un moyen sûr et prompt pour les

royalistes d'acculer le pouvoir dans ses extrémités : c'est d'aller aux élections prochaines et d'envoyer à la chambre une minorité assez forte pour faire toujours pencher la balance du côté où elle se portera, de telle sorte qu'à son gré elle pourra faire et défaire des ministères; et en rendant le ministère impossible, elle amènera forcément les coups d'état. »

Il ne vous est donc plus permis d'en douter : c'est précisément à l'application de la théorie des majorités parlementaires, telle que l'enseigne l'école spéculative, que vos ennemis attachent la certitude de votre ruine et de leur triomphe. C'est une mine placée sous le corps social et qui le fera sauter tôt ou tard. Nous n'en sommes donc pas à savoir qui de M. Thiers ou de M. Guizot, de M. Molé ou du maréchal Soult, doivent enlever ou conserver les portefeuilles. *Être, ou n'être pas*, voilà la question. Toutefois il ne faut ni remonter le torrent ni le redescendre. Il faut fixer la position. Il faut substituer le définitif au provisoire; et on ne saurait y parvenir sans une loi organique de l'institution ministérielle, sans une loi qui donne tout à la fois au principe monarchique l'indépendance qui lui est nécessaire dans le choix de ses ministres, et au principe représentatif la part d'influence qui lui appartient sur la marche du gouvernement.

Les institutions politiques ne doivent pas être composées de telle sorte qu'il soit impossible à ceux qui en font partie de faire autre chose que de se haïr et de se combattre. Je ne doute pas plus de la capacité des ministres à venir que de celle des ministres présens. Chacun fera sa course en conscience. Mais ce n'est pas là une garantie suffisante. Nous sommes placés sur un plan incliné, au bout duquel il y a un précipice, et il est impossible de trouver une série d'hommes capables de résister à l'entraînement d'une semblable position.

Pour être un homme d'état, il ne suffit pas de n'avoir foi à aucun principe, mais seulement d'avoir la majorité. La science de l'homme d'état n'est pas une science d'expédiens et d'intrigues. Elle ne s'apprend pas dans les livres, ne s'acquiert pas par l'habitude. C'est un instinct indéfinissable qui vous avertit de ce qui est utile, comme de ce qui est dangereux. C'est un don de Dieu, et sa munificence ne l'a répandu qu'avec parcimonie. La restauration a eu soixante ministres, et n'en peut pas compter un seul qui ait bien compris la position. Notre révolution, où tout ce qui était doué d'une aptitude politique avait en quelque sorte reçu mission de la développer, n'a encore produit que Napoléon. Mais depuis sa mort, depuis que ce grand vide s'est fait dans le monde, les hommes tourbillonnent comme les idées, sans trouver de centre auquel ils puissent se rattacher. Dussions-nous trouver encore des Napoléon, une institution qui offrirait incessamment, et sans qu'il fût besoin de lui faire aucun sacrifice, tous les avantages que les grands hommes font quelquefois payer si cher, devrait encore être l'objet de nos préférences.

CHAPITRE VII.

DE LA SOUVERAINETÉ DU PEUPLE.

S'il était vrai que les hommes fussent en société par le fait de leur volonté, ceux qui soutiennent que la souveraineté appartient indistinctement à tous les associés, seraient dans une position plus logique que ceux qui veulent en faire le privilége d'une seule classe.

Mais il n'en est pas ainsi. L'homme ne peut se passer de la société, et la société ne peut se passer de gouvernement. En obéissant au gouvernement, l'homme obéit à la loi de la nature. Celui qui le premier a contesté cette vérité, a chargé l'esprit des générations de l'erreur la plus funeste qu'il lui fût possible de contenir, et compromis, autant qu'il était en lui, la force morale de l'autorité.

Le gouvernement est aussi nécessaire à la

marche de la société, que l'intelligence suprême à la marche de l'univers. Les conditions qui doivent régir l'ordre social, ne sont pas une invention de l'homme. Elles existent par elles-mêmes; elles relèvent d'une volonté supérieure à la nôtre ; elles sont *providentielles*. Mais, et c'est là le sceau particulier dont l'homme a été marqué, avant de récolter, il faut qu'il trace son sillon, qu'il l'arrose de ses sueurs et quelquefois de son sang. Avant de découvrir ces conditions, à combien de veilles et de méditations n'est-il pas condamné! Suivons la marche de l'esprit humain dans cette pénible investigation.

Comme il faut des lois qui obligent les gouvernés envers les gouvernans, il en faut aussi qui règlent la manière dont ces lois seront faites, et qui soient entre les uns et les autres une propriété commune. Ce sont ces lois qu'on appelle *souveraines*, et souverain celui qui les fait.

Si le peuple était un seul corps, s'il n'avait qu'une pensée, qu'un intérêt, qu'une volonté, sa souveraineté ne pourrait pas être mise en question. Mais c'est Dieu même qui n'a pas voulu que cela fût ainsi. C'est de Dieu même que vient l'inégalité des volontés, des forces, des intelligences, partant des intérêts ; et la mission des gouvernemens est de paralyser, autant qu'il est en eux, les effets de cette différence.

Quand donc on recourt aux hommes les plus faibles pour paralyser les effets de leur faiblesse, on fait exactement le contraire de ce qui est conseillé par la nature des choses. Considérée sous le point de vue politique comme sous le point de vue religieux, la souveraineté du peuple est tout à la fois un contre-sens et une insulte à Dieu.

Ainsi se fond et disparaît le dernier des trois points d'appui sur lesquels l'école spéculative a élevé son fantastique édifice. C'étaient des colonnes de neige posées sur une terre de feu.

Le droit de faire les lois souveraines, réclamé dans une forme absolue et comme droit primitif, est dénué de fondement. *Il n'y a pas de droits politiques innés*, a très-bien dit M. Thiers dans une de ses plus brillantes improvisations. Les conditions indispensables à l'existence de la société ne sauraient être la propriété de personne, pas plus d'une classe de la société, que de la société tout entière.

Cependant il faut qu'elles soient quelque part; car il n'y a pas plus de constitutions innées que de droits politiques innés. Moïse a écrit sous la dictée de Dieu, au bruit de son tonnerre : et ce grand exemple, tout en rappelant aux hommes l'origine de la loi, leur indique en même temps qu'il faut un moyen matériel d'en constater l'existence.

Où donc est la souveraineté? Elle est partout et nulle part.

C'est une puissance flottant sur le corps social, afin de pourvoir à ses grandes nécessités, et qui varie les formes sous lesquelles elle se produit, suivant l'état de la civilisation.

Le souverain qui a donné la couronne aux

Carlovingiens n'est pas le même que celui qui l'avait donnée aux Mérovingiens. Celui qui l'a donnée aux Capétiens est autre que celui qui l'avait donnée aux Carlovingiens; et enfin celui qui l'a donnée à la branche cadette des Bourbons est autre encore que celui qui l'avait donnée à la branche aînée.

Ici encore l'école spéculative confond sans cesse la souveraineté avec le principe du gouvernement, la force motrice de l'état dans les temps ordinaires, avec le droit de le constituer dans les temps extraordinaires; et cette confusion qui rendrait tous les gouvernemens impossibles, rend souvent toutes les discussions inintelligibles.

La souveraineté n'est pas un principe, n'est pas un droit, n'est pas une institution. C'est le fondement de tous les principes, de tous les droits, de toutes les institutions. C'est la souveraineté et pas autre chose. Aussitôt qu'elle a rempli sa mission, elle disparaît. Le nuage qui l'avait apportée la reprend, et il n'y a plus rien de commun entre l'œuvre et l'ouvrière.

En effet, pourrait-on concevoir quelque chose de plus monstrueux qu'une souveraineté toujours incessante? Une nation a besoin de stabilité, et elle n'en aura jamais si le pouvoir souverain la menace sans cesse.

Le principe du gouvernement émane de la souveraineté; il ne la constitue pas. Cette relation de l'effet à sa cause est la seule chose qui soit commune entre eux. Quand la souveraineté a disparu, c'est le principe du gouvernement qu'elle a fondé, ce sont les institutions dont elle l'a environné qui subsistent. Les Chartes sont faites pour que chaque pouvoir reste dans le cercle que la souveraineté lui a tracé; mais ni chaque pouvoir isolé, ni tous les pouvoirs réunis ne peuvent constituer la souveraineté. Et, pour le dire en passant, c'est en raison de cette doctrine que l'électeur ne peut pas donner de mandat, et que le député n'en peut pas recevoir. D'un côté, ce serait placer la souveraineté dans le corps électoral; de l'autre, ce serait la reconnaître. L'électeur comme le député ne sont que de simples instrumens employés par le souverain pour remplir des fonctions qui entrent dans ses plans, et dont il a soigneusement déterminé les limites.

Cependant une nation ne doit pas périr faute de moyens de changer ses lois fondamentales; seulement (et c'est encore là ce qui nous manque) il faut qu'une loi émanée du souverain prescrive le mode particulier d'exercer la souveraineté. Nos lois constitutionnelles doivent au moins être à l'abri des changemens auxquels restent exposées nos lois ordinaires. Cette loi a aussi ses bases : il y a, dit Bacon, *une loi pour la loi.* Mais ceci me jetterait trop loin de mon sujet.

La souveraineté peut être d'un côté, tandis que le principe du gouvernement sera d'un côté tout opposé. Le roi, considéré comme souverain, peut donner une charte dont le principe sera démocratique; et le peuple à son tour, considéré comme souverain, a toute latitude pour fonder le principe monarchique.

Ici d'ailleurs la dispute est vaine. Quelle que

soit la souveraineté, quelle que soit la source du pouvoir, toujours est-il que le gouvernement qui en dérive est nécessairement investi de toutes les forces nécessaires à son action. Les gouvernemens ne sont pas plus maîtres de leur origine que les particuliers; mais si d'ailleurs ils sont bien constitués, la vie des uns n'en reçoit guère plus d'atteinte que celle des autres. Sans doute, le droit ancien qu'on a méconnu affaiblit toujours plus ou moins le droit nouveau qu'on veut fonder; mais à cela il n'y a pas de remède. Le législateur a beau faire : il y a trop de distance entre l'éternité de ses vœux et la fragilité de ses moyens. Les institutions sont d'origine humaine. Elles ont à lutter tout à la fois contre les passions de ceux qui les attaquent et contre les passions de ceux qui les défendent. A quoi donc peuvent aboutir ces récriminations? Tout n'en reste pas moins subordonné à la bonne ou à la mauvaise organisation des pouvoirs publics. Pour le présent, on ne peut contester leur légalité, parce qu'ils émanent d'une source nouvelle : pour l'avenir, il n'y a de durable que ce qui est conforme à la vérité et à la justice.

Le souverain ne peut pas tout ce qu'il veut; j'ai commencé par le dire. Il y a, pour la formation des gouvernemens, des conditions dont il n'est pas donné à l'homme d'altérer l'essence. Les pavés n'y font pas plus que les baïonnettes. Il ne peut pas faire un gouvernement sans les conditions gouvernementales. J'ai appelé ces conditions providentielles, parce que nous allons voir dans le chapitre suivant que, quelle que soit la forme du gouvernement, qu'il soit monarchique, aristocratique ou démocratique, qu'il soit à institutions représentatives ou qu'il n'y soit pas; s'il a eu quelque durée, on y trouve toujours les deux conditions constitutives de tout gouvernement, savoir un pouvoir dominant et un ou plusieurs pouvoirs-limites : et que cette constance dans les faits est le sceau particulier dont la Providence marque éternellement ses décrets. Consultons donc les faits : ce sont des argumens sans réplique.

CHAPITRE VIII.

FAITS.

Je n'invente rien; j'observe; j'écris sous la dictée de l'histoire.

Quelquefois la monarchie est le pouvoir dominant, l'aristocratie le pouvoir-limite, et la démocratie nulle. C'est le régime féodal, le régime russe. C'est aussi la constitution de l'église; car la théocratie n'est pas un gouvernement à part. Pour se fonder sur un titre mystérieux, elle n'en subit pas moins la loi générale. Sous les apôtres, ce fut une aristocratie; à Rome, c'est une monarchie; à Genève, c'est une démocratie.

Quelquefois, mais plus rarement, la monarchie est le pouvoir dominant, la démocratie est le pouvoir-limite, et l'aristocratie nulle. C'est le régime turc.

Enfin la monarchie, pouvoir dominant, peut

avoir pour pouvoirs-limites l'aristocratie et la mésocratie. C'est là le régime essayé par la Charte de 1814, et que les ministres de la branche aînée n'ont pas su garantir.

Quant à l'aristocratie considérée comme pouvoir dominant, elle peut avoir pour limite la démocratie; la monarchie étant nulle. Ce fut le gouvernement de l'ancienne Rome, avant l'admission des plébéiens au consulat. C'était, avant la création des inquisiteurs d'état, le gouvernement de Venise.

Ou bien, l'aristocratie peut être pouvoir dominant, avec la monarchie pour limite et la démocratie nulle. Pour en trouver des exemples, il faut aller chez les anciens peuples d'Orient, où la principale puissance était entre les mains d'un collége de prêtres contenu par les chefs de l'armée.

Puis l'aristocratie peut être considérée comme pouvoir dominant, avec la monarchie et la démocratie pour limites. Tel a été le gouvernement de la Grande-Bretagne, depuis 1688 jusqu'à la loi de réforme. J'entrerai tout-à-l'heure sur ce sujet dans quelques détails particuliers.

La démocratie subit les mêmes chances. A Rome, après le triomphe des plébéiens sur le sénat, elle s'est montrée pouvoir dominant, avec l'aristocratie pour limite, sans place pour la monarchie. Une fois peut-être on a vu la démocratie avec la monarchie et l'aristocratie pour limites : ce fut le gouvernement de Sparte après la création des éphores. La France en 1791, l'Espagne et Naples en 1820, l'ont éprouvée ayant pour limite la monarchie, et ne tenant aucun compte de l'aristocratie.

Maintenant en France, selon quelques-uns, le tour de la classe moyenne est arrivé. Il y a chance pour une mésocratie, pouvoir dominant, avec la monarchie et l'aristocratie pour limites. Je pense, au contraire, que, dans l'état actuel de notre civilisation, le pouvoir monarchique, ayant pour point d'appui une institution en harmonie avec l'égalité sociale, est le seul pouvoir dont la suprématie soit compatible avec toutes les opinions comme avec tous les intérêts, avec la stabilité comme avec le progrès. Toutefois j'examinerai cette alternative avec une égale impartialité. Chaque peuple a sa place au soleil. Si donc il arrive qu'une nation ait vécu pendant quatorze siècles sous le même principe, que tous les efforts pour l'en détourner, n'aient jamais contribué qu'à en faire sentir davantage la nécessité, c'est que cette nation est faite pour ce principe.

Il n'est pas exact de dire, comme l'a fait M. Berryer à la séance du 17 janvier de cette année, que la révolution de 1830 a tranché la question, que le pouvoir n'est plus dans le principe monarchique, mais dans le principe des majorités parlementaires. La question que la révolution de 1830 a tranchée est celle du principe générateur de la Charte, la question de souveraineté. Dans le chapitre précédent, je crois avoir bien précisé la différence qui existe entre ces deux questions, et nous verrons bientôt comment il se fait que la seconde est restée indécise.

CHAPITRE IX.

DU GOUVERNEMENT DE LA GRANDE-BRETAGNE DEPUIS 1688 JUSQU'AU MINISTÈRE DE LORD GREY.

Je ne remplirais pas le but que je me suis proposé, si je ne parvenais à établir d'une manière un peu plus spéciale que ce n'est pas en violant cette double loi constitutive de tout gouvernement que l'aristocratie anglaise était parvenue à ce haut degré de puissance où nous la voyons encore aujourd'hui; si je ne parvenais à prouver qu'au lieu de l'équilibre des pouvoirs que l'école spéculative continue toujours à y apercevoir, il y avait, au contraire, un pouvoir tellement dominant, que l'inconvénient de son organisation était de ne pas trouver dans les pouvoirs-limites un contre-poids capable d'arrêter ses excès.

Commençons par les priviléges. Encore aujourd'hui ils sont plus nombreux en Angleterre que dans aucune autre partie de l'Europe.

Chaque corporation a les siens; chaque profession a la sienne; et afin que, partout où il y a une source d'influence, si obscure qu'elle puisse être, elle ne soit jamais détournée au profit d'un autre pouvoir que du pouvoir dominant, les plus grands seigneurs font partie des corporations les plus humbles.

Tout se trouvait réuni dans l'aristocratie anglaise, le haut rang, la fortune, la clientelle, tous les genres, toutes les sources d'influence.

Elle ne devait pas sa suprématie à des combinaisons et à des théories. Ce sont cinq cents ans de victoires et d'usurpations sur le pouvoir monarchique qui l'avaient amenée au point où elle faisait l'étonnement du monde. Ce sont ses propres événemens érigés en maximes politiques qui l'ont retenue si long-temps dans la position extraordinaire où elle s'était placée.

Comme pouvoir politique, sa Chambre des pairs existe par elle-même. Personne n'a fait sa part; elle se l'est faite toute seule. Les membres qui la composent ont un même intérêt, une même position. Ils prétendent avoir une même origine; et lorsque le roi proclame un nouveau pair, l'aristocratie, par une orgueilleuse fiction, suppose que ce pair avait perdu ses titres et que le roi les a trouvés. Un pair d'Angleterre, traversant une forêt de la couronne pour se rendre au parlement, a le droit de donner du cor et de tuer un cerf : il peut faire acte de suzerain.

A la vérité, le roi a dans ses attributions la surveillance de l'administration, la représentation de la majesté nationale et de la puissance publique, les traités au dehors, la paix, la guerre, la direction suprême des forces de terre et de mer. La loi ne peut se passer de sa sanction. Il convoque les Chambres; il les proroge, il les dissout.

Comment donc se fait-il qu'avec de si hautes prérogatives le roi d'Angleterre soit, de l'aveu général, hors de la direction des affaires et de la tendance du gouvernement? C'est que toutes ses attributions sont purement nominales; c'est qu'il n'y a là qu'illusion et non réalité;

c'est que ce sont ses ministres qui exercent toutes ces attributions, et que jusqu'ici ses ministres lui ont toujours été imposés par une majorité aristocratique. Par son droit, c'est bien à lui de les nommer pour soutenir sa prérogative. Par le fait, c'était une majorité aristocratique qui se faisait des ministres pour les propositions qu'elle désirait qui lui fussent soumises. Mais cet usage, qu'on voudrait aujourd'hui faire considérer comme la conséquence de tout gouvernement représentatif, n'était en effet que la conséquence d'une série de circonstances qui peut-être ne se rencontreront jamais.

Les Anglais ont mis un voile sur la royauté, ils l'ont reléguée au fond d'un sanctuaire, d'où ils la sortent à certains jours d'apparat ; mais toujours au profit d'un autre pouvoir que le sien : et bien que le monarque continue encore à prêter au gouvernement la majesté de son nom, il y a là plus de résignation que de puissance.

Quant à la Chambre des communes, par

l'ensemble des combinaisons qui agissaient en tous sens sur sa composition, elle était dans la dépendance la plus absolue de la Chambre des pairs. La plupart des électeurs sont encore les fermiers des lords. Tout le sol britannique, et jusqu'aux rues de Londres, leur sont inféodées. C'est ainsi que se trouvait écartée, au profit de l'aristocratie considérée comme pouvoir dominant, la plus grande difficulté que l'on trouvera ailleurs dans une combinaison du même ordre, l'unité de vues et l'identité d'intérêts entre deux Chambres qui représentaient en apparence des principes différens.

Mais le point culminant de cette position, le moyen qui, à défaut de tout autre, eût suffi pour garantir la suprématie aristocratique si on l'avait laissée subsister, c'étaient les *bourgs pourris*. C'était là, selon les expressions employées par un membre de la Chambre des lords, lors de la discussion dans laquelle ils ont succombé, *c'était là le privilége transcendant qui faisait la base de la constitution britannique*. Cela ne veut pas dire que cette base fût très-rationnelle. Quoi de plus odieux en effet que de faire de la représentation d'une nation la propriété d'un certain nombre de familles, que de faire peupler la Chambre représentative des intérêts populaires par la Chambre déjà en possession de tant d'autres priviléges ? Mais je viens de le dire, et d'ailleurs personne ne l'ignore. Le gouvernement de la Grande-Bretagne n'a pas été établi *a priori* par une assemblée de sages. Et puis les règles de la vie politique ne sont pas toujours dans un parfait rapport avec les règles de la vie commune. Ce qui est un défaut dans la seconde peut n'en être pas un dans la première. « *J'en conviens,* disait M. Canning, *la machine a des vices ; mais elle fonctionne bien.* » Lord Grey a voulu qu'elle fonctionnât encore mieux. Nous verrons bien comment lui répondra l'avenir. N'importent d'ailleurs les moyens à l'aide desquels s'était constitué l'empire britannique, toujours est-il que le pouvoir royal et le pouvoir des communes circulaient avec la même complaisance autour du pouvoir de la Chambre haute ; et c'est là tout ce qu'il m'était nécessaire d'établir.

Au lieu donc de présenter la constitution de la Grande-Bretagne, telle qu'elle était avant la loi de réforme, comme un modèle de division et d'équilibre des pouvoirs, je puis, au contraire, l'offrir comme la plus forte preuve de l'impossibilité pour tout gouvernement de s'écarter des conditions constitutives de son être. Je puis la présenter comme le témoignage le plus éclatant de la nécessité pour les gouvernemens à plusieurs pouvoirs, comme pour tous les autres gouvernemens, d'avoir un pouvoir dominant et des pouvoirs-limites. Ainsi cette théorie de l'école spéculative qui, chez nous, s'est emparée des plus hautes intelligences, n'est qu'une déception. Ainsi ce système auquel on n'adressait d'autre reproche que celui de son origine, que la difficulté d'appliquer une théorie anglaise à des faits français, n'a jamais été appliqué nulle part, et moins en Angleterre qu'en aucun lieu du monde.

CHAPITRE X.

DU GOUVERNEMENT DE LA GRANDE-BRETAGNE DEPUIS LA LOI DE RÉFORME.

C'est aujourd'hui, mais aujourd'hui seulement, qu'on pourrait dire qu'il y a en Angleterre *équilibre* des pouvoirs, du moins entre le pouvoir de la Chambre haute et celui de la chambre des communes; c'est-à-dire qu'il y a pour les wighs comme pour les torys, pour lord John Russel comme pour sir Robert Peel, impossibilité de gouverner, impossibilité de compléter aucune grande mesure, voire la loi de réforme: car, telle qu'elle est actuellement, elle n'a ni efficacité ni vitalité. Ce qu'avait fait le temps, ce premier ministre du roi de tous les rois comme de tous les mondes, les hommes ne l'ont pas compris.

Le principe du gouvernement se trouve maintenant suspendu entre les deux Chambres.

Les communes ne circulent plus autour de la pairie, et la pairie ne circule pas encore autour de la Chambre des communes. Le pouvoir royal n'est plus à la disposition de la Chambre des pairs. Il n'est pas encore à la disposition de la Chambre des communes. Il est indécis entre deux pouvoirs également impuissans. Mais comme quand il y a équilibre entre deux plateaux, le moindre poids jeté dans l'un ou dans l'autre fait pencher la balance, la royauté anglaise jouit en ce moment d'un ascendant qui depuis long-temps lui était inconnu.

Écoutons encore sur cette position le grand agitateur. J'aime à citer M. O'Connell, parce que, comme il le dit, en parlant de lui-même avec une éloquente simplicité : « Je ne suis » qu'une paille; mais cette paille indique d'où » vient le vent. » Voici donc comment, lors de sa course apostolique à travers les trois royaumes, il expliquait au meeting de Manchester la situation du gouvernement anglais. « Quand, s'est-il écrié, quand *Old-Sarum* avait » ses représentans, et que Manchester n'en » avait pas; quand la Chambre des communes

» n'était autre chose que les délégués, les in-» tendans, les domestiques des lords, la ma-» chine fonctionnait à merveille, parce qu'il » n'y avait qu'une force motrice. Mais si, sur » votre chemin de fer, vous placiez une ma-» chine à chaque extrémité de file de voitures, » et que chacune marchât dans un sens directe-» ment opposé, vous auriez d'abord un temps » d'arrêt, tant que les deux machines auraient » le même pouvoir; mais quand cet équilibre » cessera, il y aura subversion et explosion. » Voilà quel est à présent l'état de notre ma-» chine constitutionnelle. »

Ainsi voilà l'Angleterre jetée dans une nouvelle région où la tradition ne la guide plus. Désormais hors des précédens, elle peut errer long-temps sans trouver de repos; car il ne faut pas croire qu'il lui soit possible de s'arrêter. Une fois lancé sur la pente des révolutions, le char roule malgré tous les efforts du conducteur pour l'arrêter : et il semble que c'est bien réellement l'élément révolutionnaire qui la travaille. Wighs et torys sont aujourd'hui sous l'empire des mêmes préventions. Dans la dernière adresse de l'association centrale aux classes non représentées, on a dû remarquer ce passage : « La législation *bourgeoise* a été » un fléau plus impitoyable pour vous que » celle qui sortait des bourgs pourris, et le » *reform-bill* a brisé la chaîne d'une tyrannie » *pour vous river à une tyrannie plus infâme* » *et plus dure.* »

Ainsi les espérances qu'avait fait concevoir ce *bill* sont en partie déçues. L'avénement d'une jeune reine a ranimé les partis, au lieu de les calmer. Le résultat des nouvelles élections a augmenté les plaintes, au lieu d'en tarir la source. Jamais la corruption ne s'était montrée avec tant d'effronterie; jamais les luttes n'avaient été si sanglantes : et les ennemis des institutions représentatives ont pu dire qu'un système, qui dans son essence contenait tant d'impuretés, dégradait l'humanité.

CHAPITRE XI.

DE LA CHARTE FRANÇAISE.

Maintenant que j'ai non seulement écarté les erreurs qui, par malheur, tiennent encore sous leur empire nos pouvoirs politiques eux-mêmes, mais encore établi les vérités qui doivent les remplacer et nous servir de guide dans l'avenir de notre carrière, je n'ai plus qu'à en faire l'application à l'état de la France, telle que nos révolutions l'ont faite, à nos pouvoirs, tels qu'ils sont établis par la Charte de 1814 et par la révision de 1830.

Dans les temps ordinaires, une Charte est l'expression des idées qui dominent au moment où on la rédige. Dans les temps de crise, à la suite des collisions entre les partis, une Charte n'est autre chose que l'enregistrement des avantages remportés par les vainqueurs. La nôtre participe doublement de ce dernier caractère.

Par la portion imposée en 1814, au nom de la souveraineté du roi, le principe monarchique est le principe dominant, le pivot autour duquel doit tourner tout le système.

Par la portion de 1830, imposée au nom de la souveraineté du peuple, les pouvoirs représentatifs sont mis sur le même pied que le pouvoir monarchique.

C'est une Charte à deux unités; c'est un corps à deux têtes. Elle a deux pouvoirs dominans : deux machines à vapeur (pour me servir des expressions énergiques de M. O'Connell) y sont placées en face l'une de l'autre. Il y a incompatibilité entre ces deux principes rangés sur la même ligne; et l'un des deux devra céder la place à l'autre, si l'on ne veut pas qu'il y ait subversion et explosion.

Par la Charte de 1814, l'initiative de la loi était le partage exclusif de la couronne.

Par la révision de 1830, la proposition de la loi appartient indistinctement aux trois pouvoirs.

Quand les trois pouvoirs ont un droit semblable à être la force motrice de l'état, la pensée du gouvernement, ils ont alors un droit égal d'aspirer aux moyens de se faire des ministres pour exécuter cette pensée. Tant qu'il y a concurrence sur ce point, chaque pouvoir est dans les limites de son droit en cherchant à attirer de son côté la prépondérance.

L'initiative est le gouvernail de ce vaisseau qui a tant de tempêtes à craindre, tant d'écueils à éviter.

Si les idées que j'ai précédemment exposées sont justes, il y a incompatibilité dans cette équipollence des pouvoirs, et ils seront en état de guerre jusqu'au triomphe complet de l'un ou de l'autre. On ne conçoit pas un corps mécanique avec plusieurs centres de mouvement, ni un corps intelligent avec plusieurs centres d'intelligence opposés entre eux. On ne peut pas tirer en même temps les conséquences de deux principes contraires. L'hérésie est dans le symbole.

Tant que durera cette indécision (et on peut

juger maintenant si j'ai eu raison de dire, il n'y a qu'un instant, que la question n'était pas tranchée), tant, dis-je, que durera cette indécision, on peut assurer que la Charte n'a pas de système déterminé, qu'elle n'est pas complète. Aussi est-il impossible de ne pas remarquer que nos discussions n'amènent aucun résultat. Les ministres changent, mais la position gouvernementale reste toujours la même. On n'est, en réalité, ni conséquent ni inconséquent, ni fidèle ni factieux. Tout dépend du principe auquel on se rallie; et la Charte laisse la liberté du choix. Les systèmes incomplets ne mènent à rien. Il n'appartient qu'à un principe tranché de reconstituer la société qui souffre du combat de deux principes opposés.

Le rôle d'un homme d'état consiste à pousser la société dans une voie claire et bien déterminée. On ne s'établit pas sur des moitiés de principes. Il n'y a pas là de place pour un tiers-parti. Nous sommes entre deux logiques également rigoureuses. Qui est pour l'une est contre l'autre. A tout prix, il faut revenir à l'unité hors de laquelle nul repos n'est possible.

En définitive, c'est la lutte entre deux principes opposés qui suspend chez nous la condition vitale de tout gouvernement. Une Charte, *charta*, n'est qu'un morceau de papier quand elle ne repose pas sur les lois éternelles de l'ordre et de la liberté.

Quel est donc celui des pouvoirs que l'état de la civilisation et la nature des conditions gouvernementales destinent à la prépondérance? Est-ce le roi? Est-ce la Chambre des députés? Voilà la question de l'avenir : voilà la question qui, bon gré, malgré, aura une solution, soit par la voie légale, soit par une nouvelle révolution. C'est pour éviter les chances de ce dernier parti que j'ai entrepris de développer les moyens d'une solution légale.

Le principe du gouvernement est le produit d'une force supérieure à toutes celles qui sont en sa présence. C'est le point autour duquel gravitent toutes les situations. C'est l'autorité suprême ; et il ne peut pas y avoir deux autorités suprêmes. On ne peut pas dire à deux principes que chacun d'eux triomphera à son tour ; qu'il y aura, pendant un certain temps, un ministère de prérogative royale, et pendant un autre temps un ministère de prérogative parlementaire; que, pendant les sessions, les Chambres seront le principe de toute l'action gouvernementale, et qu'en leur absence ce sera le roi. Il faut opter. S'il y a doute sur cette force supérieure, personne ne sachant à quoi s'en tenir ni à quoi s'attacher, il y a souffrance générale. Quand l'incertitude est au centre, la sécurité ne saurait être à la circonférence.

Le débat, comme on voit, est plus sérieux qu'on ne pense. Il n'est pas entre les doctrinaires et le tiers-parti, entre l'intimidation et la conciliation, entre l'opposition dynastique et l'opposition puritaine. On confond ici l'esprit du gouvernement, qui varie comme les circonstances, et le système qui doit être immuable. Tous ces partis sont les fragmens d'un même tout, et tous les sobriquets dont ils s'affublent ne correspondent à aucune différence susceptible d'être clairement définie. Pour moi ils ne représentent que la même absence de principe politique. Il n'y a de différence entre eux que celle qui existe nécessairement entre les hommes qui sont ministres et ceux qui désirent le devenir. La similitude des opinions ne fonde pas toujours les sympathies personnelles. Souvent même les antipathies sont d'autant plus fortes entre les hommes, que leurs idées sont plus rapprochées. Ce que les partis abhorrent le plus est ce qui les touche de plus près et qui cependant refuse de se confondre complètement avec eux. Aujourd'hui l'extrême gauche donnerait plutôt ses voix à M. de Fitz-James qu'à M. Odilon Barrot. Faites-vous majorité : voilà l'apostrophe de tous les ministres à toutes les oppositions. Nous aurons la majorité : voilà la réponse de toutes les oppositions à tous les ministres. Quelle que soit la différence des camps, le mot d'ordre est toujours le même : majorité! Or, la majorité, c'est l'inconnu.

Pour la France donc, la question n'est pas là. Pour la France, la question n'est pas de savoir qui, des ministres ou des oppositions, aura la majorité, mais si le principe des majorités réunit les conditions indispensables pour constituer un bon système de gouvernement; mais si c'est le pouvoir mésocratique ou le pouvoir monarchique qui est le pouvoir dominant, la force motrice de l'état, en un mot qui représente la sagesse suprême : « Car il » faut qu'elle soit quelque part, si on ne veut » pas que l'état soit sans cesse exposé à l'in- » convénient des conflits. »

Je prendrai les faits tels qu'ils sont, et j'examinerai les diverses aptitudes dans l'ordre de leurs véritables rapports. Nous ne pouvons construire qu'avec les matériaux que nous avons sous la main. Toute la science consiste à les mettre à leur véritable place. Mais il faut en finir. Nous ne pouvons pas laisser plus longtemps indécise une question à laquelle est suspendu le repos de la France. C'est au législateur d'amener toutes les forces de l'intelligence à se bien pénétrer du principe qui les gouverne. Vienne ensuite un homme puissant par cette idée et dans une position telle qu'il soit en mesure de la mettre à exécution; et toutes les questions aujourd'hui sans solution seront bientôt terminées.

CHAPITRE XII.

DU POUVOIR MÉSOCRATIQUE CONSIDÉRÉ COMME POUVOIR DOMINANT.

La plupart de ceux qui ont considéré le gouvernement de la Grande-Bretagne, je n'en excepte pas les Anglais, ne se sont arrêtés qu'à sa surface et n'en ont pu porter qu'un faux jugement. Les signes extérieurs de son mécanisme frappent tous les regards, et on en a cru l'imitation facile. De grandes calamités ont été et seront encore les produits de cette erreur.

Tous également nécessaires, quand ils représentent de véritables intérêts, les pouvoirs ne sont pas tous également aptes à remplir indistinctement l'une ou l'autre des deux conditions constitutives de tout gouvernement, à être indifféremment pouvoir dominant ou pouvoir-limite, sans qu'il en résulte la moindre atteinte à l'harmonie générale. Il y en a nécessairement un qui, tantôt par son essence, tantôt par l'état présent de la civilisation, est plus propre à dominer, tandis que les autres sont plus propres à limiter. Cette différence dans les aptitudes est un point important; car il n'est pas facile de lutter contre la nature des choses.

La royauté a dominé : le clergé a dominé : la noblesse a dominé : les classes inférieures ont dominé : la classe moyenne veut dominer à son tour. En effet, elle est aujourd'hui le plus parfait appui de l'ordre public. C'est, comme le dit M. Guizot, *l'élément vital de la France nouvelle*. Les députés de la classe moyenne représentent donc chez nous la portion la plus importante de la société. C'est là un fait qui n'est pas contesté.

Mais cette représentation offre-t-elle, comme pouvoir dominant, comme principe de gouvernement, les garanties de stabilité que réclame notre situation? Est-elle susceptible d'une direction homogène et d'une action continue? car ces mots de pouvoir dominant ne signifient rien, si l'on ne peut pas préciser les moyens à l'aide desquels l'institution représentative de cette domination garantira sa suprématie. En un mot, la représentation de la classe moyenne peut-elle être, pour l'avenir de la France, ce que la Chambre des lords a été pour le passé de l'Angleterre?

Tel est, je crois, le véritable rapport sous lequel notre position doit être envisagée. Déjà, dans un des chapitres précédens, je crois avoir suffisamment démontré qu'il n'y a rien de commun entre la position de la Chambre des députés, telle que notre révolution l'a faite, et la position de la Chambre des lords, telle que l'avait faite la révolution de 1688. Je n'ai donc maintenant, pour compléter mon sens, qu'à m'occuper des motifs pour lesquels il ne me paraît pas probable que cet état vienne à changer.

Il n'est pas de profession, si humble qu'elle soit, qui n'exige un apprentissage plus ou moins long, et il serait difficile de soutenir que la science du gouvernement fait une exception à la règle générale. Telle n'était pas l'idée de cette aristocratie anglaise, à laquelle nous prétendons aujourd'hui nous assimiler. Chaque homme destiné au pouvoir y recevait l'éducation du pouvoir. Lord Chatam posait sur une table son fils âgé de sept ans, et l'orateur en jaquette préludait devant sa famille aux triomphes qu'il devait obtenir devant son pays. C'est à son éducation que l'aristocratie doit cet esprit de suite qui la caractérise. Une fois le mouvement imprimé, elle l'a toujours suivi avec constance, et l'esprit que la Chambre des lords a montré dans la session dernière est le même que celui qu'elle avait montré dans toutes les sessions précédentes.

Il n'en est pas ainsi dans la classe moyenne. Pour elle la vie politique n'est qu'un accident. L'éducation de chacun de ses membres porte sur les besoins particuliers de la profession qu'il doit embrasser; et rien de ce qui se passe dans toutes ces destinations si diverses ne peut donner une idée de ce que réclament les besoins de la France, considérée comme grande nation. Aussi arrive-t-il que, quand on vient à en détourner quelques-uns de leurs occupations habituelles pour les livrer aux affaires publiques, ils y arrivent nécessairement sans expérience; et c'est là ce qui explique comment les mêmes hommes, qu'on voit quelquefois si passionnés pour les détails quasi-domestiques, pour les exigences des localités, restent indifférens aux grandes nécessités politiques. Supposons une assemblée toute démocratique comme la Convention, ou toute aristocratique comme les Chambres anglaises. Il y a long-temps que l'Algérie entière serait une colonie française. L'instinct de l'une et l'ambition de l'autre leur aurait également révélé tout le parti qu'on peut tirer de cette terre, où la Providence a jeté notre armée.

Ensuite la classe moyenne est trop nombreuse pour former une caste. Elle ne l'est pas assez pour former un peuple, pour imposer par sa masse. Ce mot de classe moyenne indique quelque chose au-dessus et quelque chose au-dessous. C'est un tronçon de pyramide; il y manque une base et un sommet. Elle n'est point homogène comme l'aristocratie. Par une de ses extrémités elle touche aux classes inférieures, et par l'autre aux classes supérieures. Aussi voyons-nous que la Chambre qui la représente se divise, *s'émiette* en autant de parcelles qu'il y a de points d'attraction qui l'entourent. Une telle assemblée devient nécessairement incertaine dans sa marche. Elle ne peut pas avoir foi en elle-même, et ses sympathies n'ont pas plus de solidité que ses répugnances.

Comment dégager l'unité, la fixité de ce pêle-mêle d'idées et d'intérêts qui répugnent à tout amalgame? Comment former une majorité constante avec des élémens constans de division? Dans une semblable réunion, tout l'ascendant, toute l'influence reviennent de droit à ceux que l'habitude de leur profession a rendus plus aptes à la guerre de parlage, et par cela même peut-être aux hommes les plus étrangers à la pensée politique de la loi. La politique n'est pas l'art de bien parler : c'est une science d'action. Une fois la bonne action politique accomplie, on ne manquera jamais d'orateurs pour la défendre.

Le pouvoir mésocratique, eût-il d'ailleurs

tous les avantages dont il est dépourvu pour mériter d'être érigé en pouvoir suprême, il lui faudrait encore un long espoir d'avenir. Car un gouvernement sans avenir n'est pas un gouvernement. Le pouvoir dominant doit trouver en lui tout à la fois les conditions de sa vie présente et de sa vie future.

La base du principe mésocratique est le cens électoral fixé à deux cents francs. Ce sens est à la mésocratie, considérée comme pouvoir dominant, ce que les bourgs pourris étaient à l'aristocratie anglaise, considérée sous le même rapport. Le système électoral de France est donc à la suprématie de la Chambre des députés ce que le système électoral de la Grande-Bretagne était à la suprématie de la Chambre des lords avant la loi de réforme. Changez en France la loi d'élection, et les prétentions de la classe moyenne à la suprématie s'évanouissent.

Pourrait-on affirmer que les électeurs à deux cents francs ne chargeront pas bientôt leurs mandataires de voter l'abaissement du cens ;

que les Chambres ne cèderont pas à ce vœu, si elles y sont provoquées par les électeurs, par les pétitions, ou même n'en prendront pas l'initiative, si les électeurs ou les pétitions ne s'en emparent pas? Deux cent mille électeurs sur trente-trois millions d'hommes : chacun saisit facilement le rapport arithmétique. Sous l'action incessante de la presse, les intelligences éprouvent toujours une altération plus ou moins sensible, et sur ce point, la presse des oppositions ne variera pas. N'avons-nous pas déjà vu les colléges du double vote, excités par les journaux, partager l'opinion des petits colléges?

Il n'est donné à aucun gouvernement de se soustraire aux conditions de son époque. Le système électoral suivra invariablement le mouvement rationnel des idées. Tout ce qu'il y a de beau, tout ce qu'il y a de grand n'est pas accumulé dans une seule classe. La France n'est pas seulement la classe moyenne; c'est le pays tout entier dans ses élémens positifs; c'est tout ce qui possède et tout ce qui produit. L'amélioration des classes inférieures aura nécessairement ses conséquences ; elles jouissent de plus d'aisance; elles réclameront plus de droits. On ne peut gouverner les peuples qu'en s'associant aux sentimens dont ils sont animés. Le sentiment de l'égalité des droits, en raison de l'égalité des capacités, est tellement infiltré dans nos mœurs, qu'il est impossible de l'en faire sortir. Ce qu'il y a d'incontestablement démontré par la révolution de 1830, c'est que toute tentative pour rétrograder sur ce point serait infructueuse.

Partout cet esprit lutte avec opiniâtreté contre tous les genres d'obstacles. La génération qui dans peu maîtresse du terrain va nous remplacer tous ne reconnaît pas d'autre dogme. Ne voyons-nous pas aujourd'hui les jeunes princes que la qualité *du sang* a placés si haut dans la hiérarchie sociale, ne les voyons-nous pas, dis-je, confondus dans la foule, sous la modeste autorité d'un professeur de collége, partager les jeux de nos enfans et leur disputer la palme des concours? De nouvelles mœurs nous envahissent en tous sens.

Ne vaut-il donc pas mieux aviser aux moyens d'augmenter le nombre de ceux qui seront admis à porter leur bulletin dans l'urne que de faire naître en eux l'idée de la renverser? L'expérience des systèmes d'exclusion peut toucher à son terme. Une représentation partielle crée nécessairement des obstacles, en laissant en dehors de la nation politique une autre nation que l'esprit de parti attire dans sa sphère. Nous verrons tout-à-l'heure à l'aide de quel moyen cette mesure, sagement combinée, serait non seulement sans danger, mais même n'offrirait que des avantages. Je dis sagement combinée; car demander le vote universel pour pacifier le pays, c'est invoquer le chaos pour remédier au désordre. Mais je crois qu'il faut marcher vers un système d'administration assez large pour associer le plus grand nombre d'hommes possible à la participation électorale. Quand le gouvernement sera bien réellement le gouvernement, il n'y aura pas le moindre danger à l'extension des droits électoraux. Pour que la cause monarchique soit une cause populaire, il faut que le trône soit appuyé sur tous les Français.

Les causes et les effets s'enchaînent dans l'ordre politique comme dans l'ordre physique. Charles X n'avait aucun de ces vices qui compromettent la sûreté des empires. Seulement il a méconnu l'esprit de la France ; il s'est appuyé sur un parti.

CHAPITRE XIII.

CONSÉQUENCES DU POUVOIR MÉSOCRATIQUE CONSIDÉRÉ COMME POUVOIR DOMINANT.

Ce n'est pas tout. Si la Chambre des députés tient en France la place que tenait en Angleterre la Chambre des pairs; si elle est le pouvoir dominant, la force motrice de l'état, le principe du gouvernement; si elle a toutes les attributions du pouvoir supérieur, il faut qu'à son tour la Chambre des pairs devienne en France ce qu'était en Angleterre la Chambre des communes avant la loi de réforme. Je l'ai déjà dit (et cette maxime, qui doit être le premier guide du législateur dans l'organisation des gouvernemens à plusieurs pouvoirs, est aussi celle qui détruit de fond en comble toute la théorie de l'école spéculative) : « le » principe du gouvernement ne peut pas chan- » ger de place sans que les diverses positions » politiques ne doivent subir un mouvement

» analogue, si on veut que la même harmonie
» et le même ordre subsistent. »

Quand la Chambre des députés est garante du principe d'ordre, il faut trouver dans l'autre Chambre la garantie du principe de résistance, la sauve-garde des libertés publiques. Une seconde Chambre n'est nécessaire qu'autant qu'elle représente des intérêts autres que ceux de la première. Il n'y a pas moyen de neutraliser, au gré de ses fantaisies, les conséquences du système dans lequel on est engagé. Je n'ai jamais compris comment les mêmes hommes qui réclamaient la prépondérance de la Chambre des députés demandaient en même temps l'hérédité pour l'autre Chambre. Car l'hérédité, c'est l'attribut du pouvoir dominant. Pour la domination, il faut de la consistance, de la fixité, de la perpétuité, tandis que pour la résistance, pour les pouvoirs-limites, il faut de l'activité et du mouvement, il faut une succession d'hommes fréquemment retrempés dans l'opinion.

Au fond de chaque dogme politique, il faut toujours qu'il y ait quelque chose de vrai, si l'on veut que ce dogme subsiste. Ce n'est qu'à ce prix que les pouvoirs peuvent obtenir la force morale, qui n'est autre chose que la sanction des intelligences.

Ce ne serait donc plus à la Chambre des députés, devenue pouvoir dominant, que devrait être dévolue l'initiative en matière d'impôts; ce droit appartiendrait aux représentans de ceux qui le paient, et non de ceux qui en disposent : non que je croie que la seconde Chambre devrait avoir le droit de le refuser. C'est encore là une des funestes doctrines empruntées au système de l'étranger, au prétendu système de l'équilibre des pouvoirs. C'est là ce que l'école spéculative nous présente comme le contre-poids du droit accordé au roi de dissoudre les Chambres. Or, le droit de refuser l'impôt est le contre-poids du droit de dissoudre la Chambre, à peu près comme la mort est le contre-poids de la vie.

Rien, à mon sens, n'est plus dangereux que ces maximes extrêmes, *refus d'impôt*, *refus de concours*, sans cesse préconisées comme des axiomes de droit commun. Il ne faut pas confondre ainsi les catastrophes sous la même dénomination que les phénomènes réguliers. Le refus de l'impôt, le refus de concours, ne sont pas des actes constitutionnels. Si on veut rétablir l'ordre dans les faits, il faut commencer par le rétablir dans les idées.

Les divers services publics devraient être dotés de fonds spéciaux, de sorte que les Chambres représentatives n'auraient qu'à pourvoir aux besoins extraordinaires. C'est M. Laffitte qui a le premier développé cette proposition, non quand il était ministre, mais quand il était le membre le plus puissant de l'opposition. C'est lui qui voulait qu'on séparât le budget en deux parties : le budget ordinaire, c'est-à-dire, le paiement des intérêts de la dette, la solde de l'armée sur le pied de paix, les frais de justice et d'administration; et le budget extraordinaire, c'est-à-dire, les subsides pour la guerre, pour de nouveaux emprunts, enfin pour toutes les dépenses imprévues.

Le vote de l'impôt ordinaire doit être soumis au contrôle, mais non exposé au refus. C'est en politique surtout qu'il n'y a pas de droit absolu. Refuser l'impôt, ce n'est pas mettre des limites à l'action gouvernementale, c'est renverser le gouvernement. Un état, quel qu'il soit, constitutionnel ou non, ne peut pas mettre en question chaque année tout ce qui fait la force de la société. On doit améliorer et non détruire. Une Chambre, maîtresse de refuser l'impôt, tient une révolution dans sa main, et sera un jour tentée de l'ouvrir.

Ce ne serait pas davantage la Chambre des députés qui devrait avoir le droit d'accuser les ministres. Il n'y a de responsabilité possible que si les ministres peuvent être accusés par un pouvoir autre que celui dont ils reçoivent la direction.

Ce ne serait plus à la Chambre des pairs, mais à celle des députés, que les princes du sang royal devraient avoir droit de siéger. C'est aux mystères du pouvoir et non aux ruses de l'opposition qu'ils doivent être initiés.

Tout système demande à être complet et

conséquent avec lui-même. On ne peut pas dire aux principes qu'ils n'existent que dans la mesure qui nous convient. Si le pouvoir dominant représente la classe moyenne, les pouvoirs-limites doivent représenter les classes inférieures et les classes supérieures. Dans cette hypothèse, la Chambre des pairs devrait recevoir une nouvelle organisation. Tous ceux qui participent aux charges de l'état jusqu'à la concurrence de 200 francs pourraient recevoir le titre d'électeurs, et ceux qui paient plus de 500 francs celui d'éligibles. Ou bien, si on le préfère, ceux qui paient plus de 500 francs seraient électeurs, et ceux qui paient moins de 200 francs seraient éligibles; de sorte que tous les intérêts du pays indistinctement, la grande, la moyenne, la petite propriété se trouveraient représentés, soit dans une Chambre, soit dans l'autre.

Il n'y a là rien d'exagéré. On ne peut faire entrer comme poids dans une combinaison une force factice. Si la loi politique prescrit ce qui est en opposition avec l'état d'un pays, il y a falsification de l'ordre social, il y a mensonge. La Chambre des députés, considérée comme pouvoir dominant, a derrière elle le choix des électeurs : c'est là une force réelle. Si vous mettez en sa présence comme pouvoir-limite une autre Chambre qui n'ait rien derrière elle, cette seconde Chambre n'aura pas de racines dans le pays, elle ne pourra soutenir la lutte; et il devra bientôt arriver que, bien que cette seconde Chambre ait le droit constitutionnel de rejeter tout ce que proposerait la première qui lui paraîtrait contraire aux intérêts du pays, ce droit s'annulerait complétement entre ses mains, et on aurait le despotisme d'une seule Chambre.

Il faut mettre la loi en rapport avec la justice et les exigences de son temps, à moins qu'on ne se sente la force de les détruire. Mais beaucoup de gens, sous le nom de liberté, réclament, sans le savoir, le despotisme. Les uns le demandent pour le roi, les autres pour la Chambre aristocratique, les autres pour la Chambre mésocratique, les autres pour les ministres. On dirait que, pour peu que la liberté fût dans la forme, peu importe si la tyrannie est dans le fond.

En revanche, comme pouvoir dominant, la Chambre des députés devrait recevoir tous les droits analogues à sa haute position, tous les moyens proportionnés au but qu'elle serait chargée d'atteindre. Elle devrait se diviser en comités permanens chargés de la surveillance des divers services. L'œil constamment ouvert sur toutes les déviations que pourraient subir les autorités administratives et judiciaires, elle devrait pouvoir mander à sa barre les préfets, les présidens des cours souveraines, la cour de cassation. Le principe du gouvernement ne doit pas être à la merci d'un arrêt.

Encore toutes ces combinaisons finiraient-elles par être impuissantes. Il faut que le pouvoir suprême soit placé dans les conditions indispensables à sa vie; et je crois avoir prouvé que le principe mésocratique en était dépourvu. En vain, pour essayer de l'affermir, sèmera-t-on de nouveaux sophismes; on ne recueillera que de nouvelles révolutions. Et qui l'emportera définitivement? qui profitera de la lutte? ce ne sera pas plus la mésocratie que la monarchie, ce sera la république. Elle a beau nous déclarer aujourd'hui qu'elle ne sera pas sanglante comme celle de 93 : une fois le principe posé, il ne dépend plus des hommes d'en éviter les conséquences.

La Chambre des députés est en partage du pouvoir législatif : voilà sa grande mission constitutionnelle. Voilà une tâche qui est en harmonie avec sa nature. Elle doit être un obstacle aux mauvais desseins du gouvernement, s'il pouvait jamais en concevoir. Mais, si elle tente d'entrer en concurrence de suprématie avec le pouvoir royal, elle n'amènera que des désordres. Il faut qu'elle se pose sur un terrain où il soit impossible de la faire reculer; et, pour cela, il faut qu'elle ait la conviction qu'elle est apte à remplir la mission qui lui est confiée.

Quant à la royauté, elle n'aurait, dans cette hypothèse, aucun des avantages attachés même aux pouvoirs-limites. On conçoit facilement comment une grande assemblée arrête la volonté d'un seul homme ; mais on ne conçoit pas comment un seul homme pourrait arrêter les volontés d'une grande assemblée. C'est un grain de sable opposé à un torrent. Du moins ce que l'aristocratie anglaise ôte au roi en puissance, elle l'en dédommage en respects ; mais de tous les *précédens britanniques*, ce n'est pas celui-là que nous nous sommes le plus empressés d'imiter.

Il faut en convenir, nous sommes entrés dans la monarchie représentative sans la connaître, et nous en avons cherché les règles non dans nos mœurs, non dans notre Charte, mais dans les mœurs et les chartes d'une nation où des institutions du même ordre dérivent d'un principe opposé. Là nous avons vu que le roi n'avait d'autres représentans que des ministres responsables, qu'il était obligé de prendre dans la majorité des Chambres : ou, ce qui est plus exact, nous avons vu les Chambres désigner les ministres que le roi était seulement chargé de proclamer. L'école spéculative française en a conclu (et jusqu'ici nous avons suivi ses conclusions); l'école spéculative, dis-je, en a conclu qu'un ministère responsable, désigné par la majorité des Chambres, était aussi notre seul moyen de gouvernement. Je n'aurais pas dit toute ma pensée dans cette question si je m'étais borné au simple conseil de séparer la bonne semence de l'ivraie; car c'est la récolte tout entière qu'il faut sacrifier depuis le premier grain jusqu'au dernier. Et qu'on ne croie pas qu'en cessant d'avoir les yeux sur l'Angleterre la France va cesser d'exister, qu'elle ne peut vivre que d'imitation. Il ne suffit pas d'être de son siècle; il faut encore être de son pays.

Je ne me bornerai donc pas à placer un fanal au bord du précipice dans le stérile but d'en montrer la profondeur. Je placerai le remède à côté du mal, et j'essaierai de prouver que rien ne serait plus simple que de créer un système tout français, un système qui ne conviendrait qu'à nous, un système tel que nos mœurs le réclament, puisé dans nos propres entrailles, qui dériverait de notre Charte, et qui satisferait tous les besoins nés de notre révolution.

Qu'importe, après tout, si je m'écarte des

sentiers battus? Nous ne sommes pas condamnés au supplice de Sisyphe. Nous ne sommes pas condamnés à recommencer sans cesse des expériences qui ne réussissent jamais. Ne nous laissons donc intimider ni par le nombre, ni par le talent de ceux qui nous sont opposés. Les idées qui ont fini par envahir le monde ont d'abord eu pour adversaires les docteurs de la loi, les maîtres de la science attaquée. Tentatives superflues! La plus puissante arme du monde, c'est une pensée juste, et, si celle qui me reste à développer a ce caractère, rien ne saurait empêcher son triomphe.

CHAPITRE XIV.

DU POUVOIR ROYAL CONSIDÉRÉ COMME POUVOIR DOMINANT.

Chaque chose en ce monde a sa nature spéciale, ses avantages et ses inconvéniens. Le législateur ne fait pas cette nature; son génie s'exerce uniquement sur les situations qui en dérivent : et pour qui sait comprendre le jeu si compliqué de ces situations, le domaine est encore assez vaste. Ainsi l'unité et la fixité, ces deux conditions fondamentales de tout pouvoir dominant, ces deux conditions que l'aristocratie anglaise a perdues, et que la mésocratie française cherchera vainement, la monarchie héréditaire les présente toutes faites : et c'est là le point de vue sous lequel tout le monde convient de ses avantages.

Vous avez beau chercher, pour l'ordre social, une base qui soit aussi immuable que la royauté héréditaire, vous ne la trouverez pas.

L'hérédité a cet avantage qu'elle donne un titre à nul autre pareil. La royauté se perpétue comme la famille, de la manière la plus simple et la plus sûre; de sorte que la chose qui est la plus nécessaire à la société se trouve en même temps la plus facile à obtenir. Ainsi cette vieille institution de l'hérédité royale est encore aujourd'hui la plus parfaite qu'on puisse imaginer, et c'est sans doute parce que tout ce qui est parfait ne peut venir que de Dieu, que quelques-uns ont pensé que la royauté prenait sa source au sein même de la divinité.

Dans l'aristocratie, l'opinion des classes inférieures n'est pas comptée dans la démocratie; au contraire, c'est l'opinion des classes supérieures. La mésocratie les comprend toutes les deux dans un égal dédain. Il n'y a que la monarchie qui soit en mesure d'assurer une complète sécurité à toutes les opinions comme à tous les intérêts. La France le sait, aussi à aucune époque de sa révolution, si ce n'est à celle qu'elle voudrait pouvoir effacer de ses annales, la lutte n'a été engagée entre la royauté et le pays, mais entre le pays et les priviléges dont la royauté avait fait la faute de se déclarer l'appui. Elle a pu être entraînée dans leur chute; mais si elle se tient en dehors de tous les partis, son avenir est assuré.

Dans les autres gouvernemens, par exemple, dans l'aristocratie, on ne peut céder sur rien, on ne peut ni avancer ni reculer. L'action consiste à ne pas agir, il faut triompher ou mourir.

Dans la monarchie, pourvu que les pouvoirs-limites ne deviennent pas le pouvoir dominant, il n'y a pas le moindre péril à céder sur les autres points; parce que l'essence de la royauté est d'atteindre à tous les moyens de satisfaire les besoins publics. Elle n'est ni trop en arrière comme l'aristocratie, ni trop en avant comme la démocratie. Le monde physique n'obéit ni à la force centripète, ni à la force centrifuge, il suit la diagonale de ces puissances, il est gouverné monarchiquement.

Mais rompez le faisceau contenu par cette unité héréditaire, aussitôt toutes les volontés particulières débordent, s'entre-choquent et s'entre-détruisent. Quand il n'y a plus de centre, chacun cherche à le devenir. Chacun tire à soi la position pour en tirer parti. Rien ne peut s'asseoir; rien ne peut s'établir solidement. Dans l'ordre de l'univers, le moindre déplacement du pôle boulverserait la nature entière. Dans l'ordre politique, la royauté est ce pôle autour duquel tout est en mouvement. Elle seule doit rester immobile.

Toutefois l'hérédité du trône ne s'entend pas comme l'hérédité du patrimoine. Le trône de France n'est la propriété de personne. C'est plutôt la famille royale qui est la propriété du pays. C'est plutôt cette famille qui est condamnée (et cette expression est maintenant la seule qu'il soit juste d'employer); c'est plutôt, dis-je, cette famille qui est condamnée héréditairement au service de l'état. « Le roi de » France, dit très-bien le duc de Saint-Simon, » ne tient rien de celui à qui il succède; il » vient à son tour à la couronne en vertu du » droit politique. » En vertu de ce droit, tous les sacrifices lui sont imposés. Il ne laisse aucune place à ses intérêts particuliers : tous ses biens sont à la couronne et non à lui. Il n'a pas même les douceurs du foyer domestique ; ses enfans ne lui appartiennent pas : on les appelle *fils de France*, et c'est pour cela qu'ils sont apanagés, et non dotés par leur père. En un mot la royauté est faite pour la société et non la société pour elle. Ce n'est pas dans l'intérêt particulier de la personne royale, mais dans l'intérêt public qu'elle jouit de ses prérogatives. Toute autre manière d'envisager cette question la dégrade, sans l'éclaircir.

On a reproché à la révolution de juillet d'avoir détruit le principe de l'hérédité. Ce n'est pas le principe de l'hérédité que la révolution de juillet a détruit, au contraire, elle l'a confirmé, du moins autant qu'il était en elle. Ce qu'elle a détruit, c'est la *légitimité*. Mais la légitimité n'est pas un principe. C'est peut-être une chose placée plus haut dans l'esprit des hommes, c'est une religion. Elle dure comme la foi et ne s'éteint qu'avec elle. Mais une monarchie peut très-bien subsister sans cette religion, et non pas sans l'hérédité. Si la légitimité était un principe, de toutes les dynasties qui règnent aujourd'hui sur le globe, il n'en est pas une seule qui pourrait l'invoquer en sa faveur, pas une, par conséquent, qui serait légitime. Toutes les fois qu'une grande commotion des esprits a imprimé un mouvement à la civilisation, un nouveau droit politique a dû s'établir. Les dynasties qui n'ont pas voulu suivre ce mouvement et obéir à ce droit en ont été renversées. Telle est la force des choses. Je n'entends pas dire pour cela que la difficulté de fonder la religion nouvelle ne s'augmente pas de la résistance de ceux qui restent fidèles à l'ancienne. Je veux seulement séparer des questions dont la confusion trouble l'intelligence publique, et montrer que c'est spécialement de l'hérédité que le principe monarchique tire son aptitude à être pouvoir dominant.

Je ne veux pas davantage donner à penser que je suis au nombre de ceux qui ont provoqué ou seulement désiré la nouvelle révolution. Malgré l'énorme faute de M. de Villèle, j'ai toujours pensé qu'il était possible d'éviter une catastrophe sans violer le pacte fondamental. Mais un fait grave est venu porter atteinte à bien des convictions. L'illégitimité de l'attaque a en quelque sorte consacré la légitimité de la défense, et maintenant je suis au nombre de ceux qui croient que la dynastie de la branche cadette est seule propre à nous garantir de nouveaux périls. Après tout, il n'importe à personne que la France arrive au repos plutôt par une branche que par une autre. Seulement il importe qu'elle y arrive. Puisse l'avenir tenir plus de compte de mes nouvelles convictions que des anciennes!

CHAPITRE XV.

NOEUD DE LA DIFFICULTÉ.

Mais si, considéré sous ce premier rapport, le pouvoir royal frappe tout le monde de ses avantages, il en est un second sous lequel il frappe tout le monde de ses inconvéniens, c'est la facilité avec laquelle le roi peut substituer sa volonté particulière à la volonté sociale.

Dans la monarchie représentative, le roi doit être, en quelque sorte, un *être artificiel*. Il doit avoir tous les avantages de l'être réel, et n'en avoir aucun des inconvéniens.

L'inconvénient de l'être réel est d'avoir tantôt des volontés stériles, tantôt des volontés déréglées. Le roi ne doit vouloir que ce qu'il peut. Toutes ses volontés doivent être en harmonie avec l'intérêt national. Il doit suffire aux besoins de la société par sa fécondité intellectuelle, comme l'abeille reine suffit aux besoins de la ruche par sa fécondité matérielle.

La *nationalité* du pouvoir royal n'est pas moins nécessaire que son unité.

Ce n'est pas pour détruire le principe monarchique que nous avons si ardemment désiré les institutions représentatives; mais seulement pour nous garantir de ses erreurs, en appelant à son aide tous les moyens dont ces institutions disposent. Nous avons donné une nouvelle forme à la monarchie, non seulement pour nous préserver de ses caprices, mais encore pour lui fournir de nouveaux moyens d'action contre des difficultés autrefois inconnues.

Cet exercice toujours efficace et toujours légal du pouvoir royal est la grande difficulté de la monarchie représentative. Concilier la suprématie monarchique avec l'indépendance des institutions représentatives, c'est là une énigme dont personne jusqu'ici n'a trouvé le mot.

Ce que le temps avait fait en Angleterre

pour le maintien de l'unité aristocratique, il faut que le législateur le fasse en France pour le maintien de la nationalité monarchique. Pour tout expédient, jusqu'ici nous n'avons encore trouvé que la responsabilité des ministres. J'espère prouver que c'est précisément cette responsabilité, telle que l'enseigne l'école spéculative et avec les conséquences qu'elle y attache, qui forme le plus grand obstacle à cette nationalité. C'est la question de responsabilité mal définie et mal appliquée qui embrouille tout. Essayons de la mieux définir et d'en faire une plus juste application.

CHAPITRE XVI.

DE LA RESPONSABILITÉ DES MINISTRES.

La loi ordonne ou défend. Elle n'a pas d'autre caractère possible. Si un châtiment n'accompagnait pas l'oubli de ses ordres ou de ses prohibitions, elle serait comme non avenue. Le châtiment est la sanction des lois.

Ainsi la question qui regarde les ministres comme dépositaires de la capacité exécutive du monarque peut être aisément et nettement posée : Avez-vous fait tout ce que la loi prescrit? N'avez-vous rien fait de ce qu'elle défend?

Mais le roi, en France, n'est pas seulement dépositaire du pouvoir exécutif.

En vertu de l'art. 13 de la Charte, « il est le » chef suprême de l'état; il commande les » forces de terre et de mer, déclare la guerre,

» fait les traités de paix, d'alliance et de com-
» merce, nomme à tous les emplois d'adminis-
» tration publique, et fait les réglemens et
» ordonnances nécessaires pour l'exécution des
» lois, sans pouvoir jamais ni suspendre les
» lois elles-mêmes, ni dispenser de leur exé-
» cution. »

En vertu de l'art. 14, le roi partage avec la Chambre des pairs et avec la Chambre des députés le pouvoir législatif.

En vertu de l'art. 18, le roi seul sanctionne et promulgue la loi.

Quand donc, dans un des chapitres précédens, j'ai dit que, par la révision de 1830, le pouvoir des Chambres et le pouvoir du roi avaient été mis sur le même pied, j'ai fait une concession à la pensée qui avait présidé à la révision de la Charte plutôt que je ne me suis conformé à son texte. Car les articles que je viens de citer mettent la suprématie du pouvoir royal à l'abri de toute rivalité. La section qui les renferme reste intitulée : *Formes du gouvernement* DU ROI.

Cependant, hormis la dernière disposition de l'art. 13, qui enlève au roi la faculté de suspendre les lois et de dispenser de leur exécution, il n'y en a pas une seule qui soit du ressort des dépositaires de l'exercice du pouvoir exécutif, pas une seule qui soit soumise à la responsabilité.

En justice ordinaire, aucune responsabilité ne peut s'attacher au conseil, quand il est donné à une personne intelligente et libre, c'est-à-dire douée des facultés nécessaires pour l'adopter ou le rejeter; mais en politique cela va plus loin. L'irresponsabilité est l'essence même du pouvoir. C'est comme délégués du roi, pour l'exercice d'une fonction qui emporte avec elle la responsabilité, qu'il faut considérer les dépositaires de sa capacité exécutive, et non pas comme pouvoir de l'état. En fait de pouvoirs, quand ils ne jouissent pas d'une indépendance réciproque, la liberté n'existe plus, ni pour le gouvernement, ni pour les gouvernés.

Qui pourrait soutenir l'opinion contraire? les Chambres ne jouissent-elles pas de la plus parfaite inviolabilité dans la sphère de leurs attributions respectives? même en descendant l'échelle politique, depuis le conseil d'état, qu'on ne saurait guère considérer aujourd'hui que comme une haute cour administrative privée du caractère propre à garantir sa justice; depuis le conseil d'état, dis-je, jusqu'au conseil municipal, depuis les juges à la cour de cassation jusqu'aux juges de paix, aucune responsabilité ne s'attache et ne doit s'attacher à des décisions qui ne sont subordonnées qu'à l'intelligence et à la conscience.

Posons donc bien la question.

Dans notre monarchie représentative, telle que la Charte l'a constituée, le roi a deux capacités fort distinctes : une capacité exécutive, dont l'exercice entraîne la responsabilité, et une capacité législative et gouvernementale, dont l'exercice est nécessairement irresponsable.

La volonté gouvernementale et la volonté législative du monarque sont dans la Charte, tout aussi bien que sa volonté exécutive.

Mais pour l'exercice de sa volonté exécutive, la loi a posé des limites; le roi a une condition à remplir : c'est de trouver des ministres qui répondent devant les Chambres de cet exercice. Ici la loi a rempli sa mission tout entière. Mais pour l'exercice de sa volonté législative et gouvernementale, la loi devait aussi poser des limites; elle devait imposer au roi des conditions propres tout à la fois à lui en faciliter l'exercice et à garantir le pays contre ses abus. La loi n'a pas rempli sa tâche.

Qu'on ne cherche point ailleurs le secret de nos embarras : c'est là qu'il existe; c'est là qu'est une lacune; c'est là qu'il manque un rouage, et le plus important de tous, le rouage monarchique; c'est là qu'est la brèche qu'on doit s'empresser de réparer, car tant qu'elle existera, l'assaut est toujours possible.

La question ainsi posée, entrons dans quelques détails.

Le roi n'est pas le représentant du principe monarchique; il en est la *personnification*, comme les électeurs à deux cents francs sont la personnification et non la représentation du principe mésocratique. Le roi ne représente pas. Il EST, il ne fonctionne pas matériellement; il dirige, *il gouverne*, et il délègue à ses représentans l'exercice de ses prérogatives. Seulement il ne se sépare pas un seul instant de ses délégués.

Mais vient-il à confier aux mêmes personnes l'exercice de sa capacité responsable comme de sa capacité irresponsable; par le seul fait de cette confusion, il atténue entre ses mains la faculté de direction : il attente à sa propre indépendance.

Voyons d'ailleurs ce que devient entre les mains des ministres l'exercice de cette double capacité, et comment ce mode remplit les conditions de la royauté.

Sous le rapport du nombre seulement, combien est grande aujourd'hui l'infériorité de l'influence monarchique ! tandis qu'à peine six à sept ministres parlent au nom du pouvoir royal, quatre cent cinquante députés parlent au nom du pouvoir mésocratique, et rien n'a été négligé pour donner à cette réunion la plus grande force possible.

Ainsi la sphère d'influence du pouvoir monarchique dans l'exercice de sa capacité législative, qui devrait au moins être égale à celle de la Chambre des députés, lui est évidemment inférieure. Ainsi, sous le simple aspect du nombre, la représentation de la capacité législative du monarque placée entre les mains des ministres, et n'ayant d'appui indispensable que celui de leur personne, n'est pas suffisamment garantie, si on la compare aux forces qui lui sont opposées.

Proposée par les ministres, la loi est nécessairement liée à leurs divers besoins, et ils ont un intérêt particulier à la faire adopter. Or, ces deux caractères dénaturent entièrement son esprit.

La situation politique et personnelle des ministres se complique de toutes sortes d'embarras. Leur marche ne peut être invariable. A combien d'obscures transactions ne sont-ils pas réduits? Tantôt c'est la fermeté qui les soutient; tantôt, au contraire, ce sont les concessions, la souplesse, la ruse. Le triomphe leur est indispensable : il y va de la vie. Tel n'est pas le caractère de la capacité législative dont ils doivent être les organes. La loi n'a aucun sacrifice à faire, parce que rien ne peut la dédommager.

Quels peuvent être les moyens des ministres pour représenter efficacement la capacité législative du monarque? Il n'en ont qu'un, celui d'entrer dans les vues de la majorité.

Supposons des élections dont la tendance soit républicaine : il faudra donc que les ministres proposent, au nom du roi, des lois qui dérivent du principe républicain.

Supposons des élections dont la tendance serait la destruction des institutions représentatives : il faudra donc que les ministres proposent des lois propres à ramener les anciennes mœurs et à détruire les nouvelles.

Mais le plus grand inconvénient de ce cumul est précisément au point où l'école spéculative aperçoit son plus grand avantage; il est dans la responsabilité elle-même.

Comme dépositaires responsables de la capacité exécutive du monarque, les ministres peuvent avoir pour accusateurs et pour juges ces mêmes Chambres, qu'ils sont ensuite chargés de diriger comme dépositaires de la capacité législative et gouvernementale. Ce contraste révolte la raison.

Quelle différence entre cette dépendance, entre cette situation sans stabilité et le texte de la Charte qui place la royauté au sommet de l'édifice social, dirigeant le cours de nos destinées, imposant silence aux tempêtes populaires, et élevant une invincible barrière entre le trône et tous les genres d'usurpations! L'essence de la responsabilité et l'essence gouvernementale sont incompatibles.

Otez donc ce mélange d'attributions qui n'est propre qu'à détruire la responsabilité ministérielle ou les libertés publiques; qui suivant l'état des partis, fausse le gouvernement par la dégradation de la pensée royale, ou détruit l'autorité des lois par l'impunité des entreprises dirigées contre elles.

On m'objecte que c'est ainsi que cela se passe en Angleterre; car tel est l'éternel refrain de l'école spéculative. Le roi, dans ce pays, n'a pas d'autres représentans que des ministres responsables, qu'il prend nécessairement dans la majorité des Chambres : donc le roi en France ne doit avoir d'autres représentans que des ministres responsables, qu'il prendra nécessairement dans la majorité des Chambres.

Mais en Angleterre la proposition de la loi par les Chambres se présente comme le signal sans lequel le corps politique ne peut se mouvoir. Le roi y est la personnification d'un seul pouvoir, du pouvoir exécutif *; on peut donc

* Cependant le conseil de la couronne est encore composé de treize membres : le premier lord de la trésorerie, le grand-chancelier, le garde du sceau privé, le président du conseil privé, le secrétaire d'état de l'intérieur, celui des affaires étrangères, celui

soutenir qu'il n'a besoin que d'une sorte de représentans.

En Angleterre, le roi est contraint, non par la loi, mais par la force des choses, de prendre ses ministres dans les Chambres. Comme il n'a pas le droit constitutionnel d'intervenir dans les délibérations législatives, sans cet expédient il se trouverait dans un péril de tous les instans. Mais ses ministres font, en leur qualité de membres de l'une ou de l'autre Chambre, ce qui leur serait interdit en leur qualité de ministres du roi; de sorte qu'il trouve sa sécurité dans le lien même de sa dépendance.

J'ai souvent cherché à préciser de quelle utilité particulière pouvait être la royauté dans un pays où la moindre influence qu'elle serait tentée d'exercer en dehors de la nomination du premier ministre, serait réputée usurpation, et il m'a semblé que jusqu'à la loi de réforme elle n'avait été autre chose que l'instru-

de la guerre et des colonies, le chancelier de l'Échiquier, le premier lord de l'amirauté, le grand-maître de l'artillerie, le président du bureau du contrôle des affaires de l'Inde, le chancelier du duché de Lancastre et le directeur de la monnaie.

ment à l'aide duquel l'aristocratie empêchait le premier ministre de se perpétuer. L'Angleterre a un roi, de peur d'avoir un *lord protecteur*.

Le système de cette incapacité royale a été mis bien à découvert dans une circonstance qui n'est pas encore fort éloignée. Ce fut après la mort de M. Canning, sous le ministère inaperçu de lord Goderich. Il était question de nommer M. Herries à la place de chancelier de l'Échiquier. Les whigs le repoussaient *comme candidat particulier du roi*. « Un candidat du roi à côté d'un premier ministre responsable serait en Angleterre, disaient-ils, une *monstruosité*. Le prince qui attaquerait ainsi l'honneur de ses sujets, se rendrait coupable d'usurpation, et n'aurait aucun droit de se plaindre de la résistance qu'il viendrait à éprouver. » Les torys ne contestaient pas la validité de l'argumentation; mais ils prouvèrent que M. Herries avait été *recommandé* au roi par le premier ministre, et son élection fut dès lors regardée comme légale.

Et c'est là ce qu'on appelle la pondération

des pouvoirs ! En vérité, l'ironie serait par trop amère, si la foi des croyans dans la sainteté du dogme ne les mettait à l'abri d'une semblable accusation.

La royauté, selon nos mœurs comme selon la Charte, n'est pas une puissance aussi effacée, un pouvoir aussi neutre, un spectateur aussi indifférent des luttes parlementaires. Non seulement le roi, par l'étendue de ses prérogatives, n'est pas réduit à tant d'extrémités, mais la disposition de la Charte qui concerne ses ministres, tout en lui laissant la faculté de les prendre dans les Chambres, en fait en quelque sorte une dérogation à sa pensée générale *.

Vainement donc on va chercher des modèles pour un temps et pour un pays avec lesquels d'autres pays et d'autres temps n'ont aucune analogie.

Quand les Chambres réunissent les qualités constitutives du pouvoir dominant, on com-

* Art. 46. « Les ministres *peuvent* être membres de la Chambre des pairs et de la Chambre des députés. »

prend la marche du gouvernement indépendamment de l'intervention du roi. L'aristocratie a un système qu'elle impose à ses ministres. S'ils ne le suivaient pas, la responsabilité les atteindrait. C'est l'aristocratie qui gouverne.

Mais en France les Chambres ne réunissent pas ces conditions. C'est au roi que la Charte a délégué la capacité gouvernementale; et cependant, par le seul fait du défaut d'institution garante de cette efficacité, il se trouve dans une position aussi dépendante que celle du roi d'Angleterre.

J'ai déjà dit comment dans cet état de la Chambre élective, elle ne pouvait plus examiner les lois sous le rapport de leurs avantages ou de leurs inconvéniens, comment elle ne fonctionnait plus législativement. Par la même raison la prérogative royale se trouve aussi suspendue. Le roi ne peut pas faire de nouveaux ministres, parce que la Chambre ne peut pas les lui présenter. Le roi et les Chambres sont donc alternativement tenus en échec. Les pouvoirs publics ne fonctionnent plus, il ne reste que le ministère. Ce système réunit tous les genres d'inconvéniens.

En vain l'école spéculative ajoute que si le ministère voulait abuser de sa position, le roi conserve toujours le droit de le renvoyer. Je réplique que le roi pourrait bien n'être pas fort heureux dans l'exercice de cette faculté. Ce renvoi ne pourrait s'effectuer, dans l'état actuel de notre organisation, qu'en dissolvant la Chambre, pour changer sa majorité.

Le ministère sera lié à cette Chambre par son crédit sur elle; il aura fait entrer ses créatures dans les places les plus importantes. Il n'aura négligé aucun moyen d'augmenter ses partisans dans les corps électoraux. Ajoutons que la majorité d'une Chambre, par la nature de ses élémens, représente non seulement la majorité des corps électoraux, mais encore un grand parti dans l'état. Alors l'influence du ministère et de la majorité d'une Chambre agrandie de toute l'action d'un parti devient incalculable. Si alors le monarque essaye de lutter sur le terrain des élections, il n'est pas probable que ce soit le ministère qui succombe.

En Angleterre un triomphe de ce genre, le triomphe d'une majorité parlementaire et d'un ministère ramené par des élections nouvelles ajoute à la force du principe aristocratique. La royauté n'est pour rien là dedans. C'est une lutte d'aristocratie à aristocratie. Le monarque ne fait que consulter les électeurs, comme dans un coup équivoque on s'adresse à la galerie.

Dans la monarchie, ce serait le principe monarchique lui-même qui serait vaincu. Ainsi, à moins d'une garantie nouvelle, on peut prévoir l'époque où les prérogatives des trois grands pouvoirs publics seront usurpées : et qu'on ne s'étonne pas de ce mot : tous les usurpateurs ne sont pas des conquérans. Nous reverrions *les rois fainéans* et *les maires du palais*.

Si éloignée que cette position puisse paraître aujourd'hui, il est indispensable de la prévoir. Il y a plus d'un ministère comme plus d'une

Chambre possible. Il ne faut donc pas s'arrêter à la situation d'une Chambre ou d'un ministère, parce qu'ils conviennent dans une circonstance donnée. Le législateur doit avoir vue sur toutes les chances de l'avenir.

Maintenant, avant de passer à l'exposition des idées que je crois propres à remplacer celles que je viens de combattre, je résume ainsi cet important chapitre.

Toute loi faite pour régler le mode d'exercice d'un pouvoir et qui tend, je ne dis pas même à l'altérer, mais qui, sans l'altérer, ne le fortifie pas par son identité d'esprit et de but, expose l'état à tous les genres de danger.

Pour être en harmonie avec le principe monarchique, les représentans de la capacité législative et gouvernementale du monarque doivent être autres que les représentans de sa capacité exécutive.

La responsabilité de la capacité exécutive du monarque, étendue à l'exercice de sa capacité gouvernementale; ou seulement l'exercice de ces deux facultés réunies sur les mêmes personnes, font plus qu'altérer le principe, elles le détruisent : car celui des pouvoirs devant lequel les ministres sont responsables pour la manière dont ils ont compris l'exercice du gouvernement est évidemment le pouvoir dominant.

Le roi ne conserve plus que le simulacre de ses prérogatives, comme à la suite des batailles les plus funestes le vaincu conserve encore quelquefois le titre des pays que le vainqueur lui a ravis.

Ce qui nous abuse aujourd'hui sur la faiblesse du pouvoir monarchique, c'est le caractère particulier du prince avec lequel il est identifié. Ce qui abuse peut-être le prince lui-même, c'est qu'il a constamment triomphé des obstacles devant lesquels il semblait devoir échouer. Qu'on ne s'y trompe pas cependant. Les qualités personnelles n'ont que des conséquences personnelles. Un caractère trouve difficilement un héritier. Ce n'est pas ainsi qu'on fonde les droits politiques. On ne les fait pas dépendre de la volonté ou de la capacité de qui que ce soit. A moins donc que le roi ne parvienne à assurer par des garanties définitivement constituées et généralement reconnues l'exercice de toutes ses prérogatives, son exemple restera sans influence sur notre avenir comme sur celui de sa famille.

Hâtons-nous de remédier au mal. Tirons promptement les conséquences des faits, tels qu'ils sont en ce moment, si nous ne voulons pas que des faits nouveaux nous forcent bientôt à tirer de nouvelles conséquences.

CHAPITRE XVII.

DE LA NÉCESSITÉ D'UNE INSTITUTION SPÉCIALEMENT GARANTE DE LA CAPACITÉ LÉGISLATIVE ET GOUVERNEMENTALE DU MONARQUÉ.

Les principes n'agissent pas d'eux-mêmes et par une force qui leur soit inhérente.

Ayez un principe de vie, il lui faut des organes auxquels il soit uni.

Ayez un principe d'action, il ne peut agir qu'avec un appareil.

Dans l'ordre politique, ce sont les institutions qui remplacent ces organes de la vie, ces rouages de la mécanique.

Tout ce que Dieu a créé, tout ce qui se meut par l'artifice des hommes est soumis à la même loi. Rien n'agit, ne se conserve, ne se perpétue que par des systèmes complets d'organisation. Le ciel et la terre attestent le même fait, proclament la même vérité.

Dans l'ordre politique, ce sont les institutions qui remplacent ces organes de la vie, ces rouages de la mécanique. Elles sont les seuls moyens à l'aide desquels les besoins généraux peuvent obtenir satisfaction. Il ne suffit pas que le législateur pose un principe, il faut encore qu'il crée toutes les formes destinées à son application.

La Chambre des députés et la Chambre des pairs sont les deux institutions à l'aide desquelles se meuvent le principe mésocratique et le principe aristocratique. Les ministres responsables sont l'institution à l'aide de laquelle se meut la capacité exécutive du monarque. Quant à celle de ses capacités destinée à mettre de l'harmonie entre toutes les autres; quant à sa capacité gouvernementale et partant dominante, elle est privée de l'institution propre à la faire mouvoir. Elle est sans point d'appui; elle est comme si elle n'était pas. Ce n'est donc pas seulement un rouage ordinaire qui manque à notre machine, c'est le plus indispensable de tous.

A la tête de chaque partie du service public il y a un ministre qui préside à ses mouvemens journaliers, et qui l'administre sous sa responsabilité. L'Assemblée constituante avait sagement déterminé le nombre et les fonctions des départemens ministériels, et sagement aussi décidé que leur organisation ne pouvait être changée que par la loi. Qu'on exécute cette loi; ou si on la trouve frappée de nullité par sa désuétude, qu'on la remplace par une autre dans le même sens, et alors notre système administratif sera complet.

Mais indépendamment de cette série de mouvemens particuliers, une nation a son mouvement général, sa vie intérieure et sa vie extérieure, ses intérêts invariables, ses doctrines, ses pensées, en un mot ses affaires d'état. Il lui faut donc une représentation en harmonie avec cette importance; il lui faut un sanctuaire où seront déposées toutes ces choses sacrées. Nous avons une administration; *il nous faut un gouvernement*. Nous avons un roi; *il nous faut une royauté*.

Il y a, sur une foule de points, de petites forces centrifuges; il faut quelque part un grand centre de gravitation, si l'on ne veut pas que quelque force particulière parvienne à l'emporter sur la force générale. Vouloir la monarchie représentative, c'est vouloir une nature d'institutions tellement combinées que le pouvoir monarchique reste invariablement le pouvoir suprême; car on ne peut pas se dire partisan de ce gouvernement, en professant les opinions qui le rendent impossible.

La Charte, si l'on en croit l'école spéculative, en donnant au roi la faculté de nommer seul la Chambre des pairs, sans même fixer le nombre de membres où il serait tenu de s'arrêter, est plutôt allée au-delà des besoins de la royauté, qu'elle n'est restée en-deçà. Examinons cette assertion.

Nous avons une Chambre des députés très-forte, une Chambre des pairs très-faible et qui paraît devoir long-temps demeurer telle. En Angleterre nous avons vu l'ensemble des faits politiques assurer tous les genres d'influence à la Chambre des lords. Chez nous, au contraire, l'ensemble des idées et des faits qui nous dominent depuis tout-à-l'heure un demi-siècle, assure cette même influence à la Chambre élective.

Pour caractériser notre Chambre des pairs, il faudrait faire une définition tout exprès; car rien de ce qui existe, soit en Angleterre, soit ailleurs, n'en peut donner une idée.

Elle offre, à la vérité, un faisceau remarquable de notabilités. Mais une condition essentielle leur manque à toutes. C'est plutôt une haute individualité qu'un centre spécial d'influence, véritable caractère de toute aristocratie.

A prendre les faits tels qu'ils sont, et en les dégageant des formules qui nous les déguisent, la Chambre des pairs n'a d'autre base que la volonté des ministres. Placée entre deux écueils, elle ne peut se faire pardonner son privilége qu'en devenant populaire, et elle ne peut gagner de la popularité qu'en sacrifiant le but de son institution. Si elle contredit l'opinion, l'opinion se retire d'elle; si elle contredit les ministres, les ministres se vengent par un déluge.

Nous avons déjà eu beaucoup de déluges : d'abord le déluge de M. Decazes, qui a emporté la pairie de 1815; puis le déluge de M. de Villèle, qui a emporté la pairie de M. Decazes; puis le déluge de 1830, qui a emporté la pairie de M. de Villèle; puis celui de 1831, qui a emporté l'hérédité de la pairie. Je ne donnerai pas le nom de déluge à la dernière promotion, ce n'est qu'une simple crue d'eau. Chaque ministère peut donc se faire une Chambre à sa guise; de telle sorte qu'en prenant ses portefeuilles, le nouveau venu peut être réduit à recommencer la pairie.

C'est un pouvoir qui est toujours dans l'alternative de se briser par les collisions, ou de se dissoudre par les augmentations; dont la mission est de résister, et dont le sort est de dépendre; qui est créé contre les invasions, et dont la destinée est de se trouver envahi.

Mais l'école spéculative est tellement pétrifiée dans son anglomanie, qu'au lieu de voir la cause de notre faiblesse où elle est réellement; au lieu de la voir dans la funeste manie de vouloir imiter les choses inimitables, elle l'aperçoit au contraire dans le défaut de fidélité à cette imitation. Nous avons bien un roi, une Chambre des députés et une Chambre des pairs; mais en Angleterre la Chambre des pairs est héréditaire, et nous avons détruit l'hérédité de la nôtre. Pour compléter notre système, il faudrait donc revenir à compléter la ressemblance.

Je l'ai déjà dit, l'hérédité de la pairie en Angleterre n'a servi qu'à la destruction de la suprématie monarchique. L'hérédité est le caractère du pouvoir dominant, et si la pairie anglaise vient à perdre définitivement sa domination, son hérédité ne lui survivra pas longtemps. En France, il n'y a d'héréditaire que la royauté, parce qu'il n'y a que la royauté pour laquelle l'élection serait un danger. L'hérédité, hors de la royauté, suppose la féodalité, et il n'est pas dans la nature des choses que l'effet survive à la cause; ou bien ce serait une nature fausse et caduque. L'hérédité de 1814 est le dernier sacrifice fait par la civilisation nouvelle à la civilisation passée. Ce serait maintenant un nouvel élément de révolution ajouté à ceux qui existent déjà. Rien n'est plus facile que de la voter; rien n'est plus impossible que de la faire subsister; rien n'est plus impossible que de lui donner aujourd'hui les avantages qu'elle avait jadis. Ce n'est donc pas de la pairie que la royauté peut recevoir la force qui lui est indispensable. Non seulement elle n'est pas constituée de manière à garantir le pouvoir monarchique, mais nous avons vu qu'elle ne l'est même pas assez pour pouvoir se garantir elle-même. Toutefois, en rendant le pouvoir mésocratique à sa véritable destination, en le rendant moins fort, on aura, par cela, rendu le pouvoir aristocratique comparativement moins faible. La balance ne sera pas moins rétablie, quand vous aurez diminué le poids de l'un des bassins, que si vous aviez augmenté l'autre.

Ainsi, plus on examine cette question, plus la nécessité de recourir à de nouvelles combinaisons devient évidente. Sans doute, elles ont leurs difficultés, mais qui ne dépassent pas les bornes de l'intelligence. Les choses difficiles ne s'accomplissent pas facilement. Quand il n'y a rien de sérieux dans la méditation, il ne peut y avoir rien d'important dans les résultats.

Par malheur, on ne s'occupe guère aujourd'hui que de bien vivre. On sacrifie tout pour se mettre en possession des jouissances matérielles. L'or et l'argent, voilà nos dieux. Les rois eux-mêmes se sont faits les vassaux des banquiers; et si ce siècle prend le nom de l'homme qui y a exercé la plus grande influence, il s'appellera *le siècle de Rotschild*. Par un malheur plus grand encore, le petit nombre d'hommes qui s'occupent de notre position s'en exagèrent les difficultés, et ne l'envisagent qu'avec le découragement qui doit résulter de l'idée qu'elle est sans remède. Cependant il n'en est pas ainsi. Dans le monde physique, il n'y a pas de catastrophe qui ne finisse par le retour à l'ordre. Les vicissitudes de la nature ne sont pour elle qu'un nouveau moyen de déployer sa magnificence; mais elles ne sauraient déranger les lois éternelles. De même dans le monde politique, il n'y a pas de révolution qui ne puisse finir, non seulement par replacer la société sous son empire régulier, mais même par lui procurer des avantages qu'elle n'avait pas auparavant.

Voyons sur quelles bases devrait reposer, dans l'état actuel de la société française, l'institution propre à atteindre ce grand résultat.

L'égalité, cette faculté d'arriver à toutes les fonctions, sans autre condition que celle de l'aptitude à les remplir, est le plus grand besoin de notre époque. Il est déjà dans nos mœurs; il faut maintenant qu'il entre dans nos institutions. Il ne suffit plus que les lois ne mettent pas d'obstacle insurmontable à l'avénement au pouvoir des supériorités naturelles ; il faut encore qu'elles leur fournissent un moyen assuré d'y parvenir. Il faut enfin consacrer le double triomphe de 1789 et de 1830. Ces révolutions n'ont pas été faites en haine des priviléges d'une seule classe, mais des priviléges de toutes les classes. Les aristocraties d'origine bourgeoise ne sont pas moins insolentes que les aristocraties de naissance. La force a passé du régime des priviléges à celui de l'égalité. A l'avenir, la société la mieux constituée sera celle où les grandes capacités trouveront infailliblement leur place ; et si le fils du plus humble des artisans venait à naître avec des qualités supérieures, il faut des lois politiques ainsi faites qu'il arrive infailliblement aux premières dignités de l'état. L'institution garante de la suprématie du pouvoir monarchique devra donc être ouverte à tous les Français indistinctement.

Mais en même temps que pour être bonne, une institution doit aujourd'hui être l'application du principe d'égalité dans son acception la plus étendue, il faut que le mode d'y être admis soit tel, que toutes les probabilités d'un bon choix lui soient acquises à l'avance. En fait d'élections, les lumières des électeurs sont la meilleure garantie qu'il soit possible d'obtenir. On se sert des fautes que commettent les hommes engagés dans la défense du pouvoir contre le pouvoir lui-même. On ne saurait donc prendre trop de précautions contre l'incapacité des candidats.

Toute institution garante de l'efficacité d'un des pouvoirs de l'état ne peut pas être une institution dépendante. La nouvelle institution ne serait donc pas subordonnée comme l'est aujourd'hui le conseil d'état, mais aussi indépendante que le monarque, dont elle représenterait la principale attribution. Il faudrait qu'elle pût à tout instant rendre compte d'elle-même, qu'elle pût manifester sa vie par une action continue, que les ministres responsables dépendissent d'elle bien plus qu'elle ne dépendrait d'eux. C'est de la monnaie royale dont nous avons besoin et non de la monnaie ministérielle.

Le pouvoir royal est le plus indépendant des

pouvoirs. Il faut donc que ceux qui le représentent soient constamment sous l'égide de cette indépendance; il faut qu'une fois admis dans le conseil de la royauté, ils ne quittent plus la région de ses hautes pensées. Si tout varie, si tout chancelle sans cesse autour du trône, ne serait-il pas à craindre qu'il finît lui-même par participer à cette vacillation ?

Je n'entends pas qu'il faille faire envelopper les Chambres par l'institution monarchique, comme le pouvoir monarchique est maintenant enveloppé par les Chambres. Il n'est donc pas nécessaire qu'elle soit aussi nombreuse que celles qui représentent les deux autres pouvoirs; car c'est surtout d'influence morale qu'il est ici question. Cent membres suffiraient aux nécessités comme à l'importance de son service; mais ce nombre ne doit pas être irrévocablement fixe. De grandes réputations peuvent se compromettre, des talens extraordinaires peuvent s'élever : la nouvelle institution doit toujours être en mesure de maintenir sa suprématie.

La condition de toute bonne institution est

de n'être applicable qu'au pays et au temps pour lequel elle est faite. La condition du pouvoir monarchique, dans l'état présent de la société française, est de se présenter sous une forme qui ne soit ni celle de l'ancien régime, ni celle de la Grande-Bretagne. La nouvelle institution devra donc sortir du cœur de notre position, du sein de nos pouvoirs, tels qu'ils sont en réalité, et non tels que l'école spéculative les suppose. Il faut que la France réunisse, pour empêcher son gouvernement d'être autre chose qu'une monarchie, des moyens non pas semblables, mais de la même infaillibilité que ceux employés par l'Angleterre pour empêcher le sien d'être autre chose qu'une aristocratie. S'il est vrai que la monarchie diffère de l'aristocratie, il ne l'est pas moins que, bien loin qu'il faille transporter en France une loi, par la raison qu'elle existe en Angleterre, il suffit, au contraire, qu'elle soit bonne dans ce pays, pour qu'elle soit dangereuse dans le nôtre.

Le pouvoir royal ne doit avoir qu'un seul but. Il lui faut donc des organes qui n'aient pas de buts divers, qui ne puissent pas faire de la puissance monarchique l'instrument de leur propre puissance.

La place que les membres de la nouvelle institution devraient occuper dans les deux Chambres, quand ils recevraient du roi l'ordre de s'y rendre, serait désignée d'avance et par la loi même de sa création. Cette précaution a plus d'importance qu'on ne pense. Le banc des ministres, aux Chambres, n'est pas placé convenablement pour la prérogative qu'ils représentent. Ils sont sous le feu de la tribune comme une place assiégée sous le feu des batteries qui la dominent. C'est au législateur, et non à l'architecte, qu'il appartient de tracer le plan de l'enceinte destinée aux grands pouvoirs de la société.

Enfin, et c'est là le point culminant du problème : la nouvelle institution doit être la roue d'engrenage, non seulement entre les trois pouvoirs qui devront également participer à son organisation, mais encore entre ces pouvoirs et le pays tout entier. Dans l'ordre naturel, chaque organe, de tel être que ce soit, tout en remplissant une fonction spéciale, concourt cependant à l'accomplissement d'un but général, qui constitue le caractère particulier de chaque espèce. Il a un double but et un double effet. Ce résultat est tellement manifeste qu'aujourd'hui l'anatomiste n'a besoin, pour recomposer un être, que du moindre des fragmens dont tous les analogues ont disparu dans les révolutions du globe. Il en doit être ainsi dans l'ordre politique. Chaque institution, si elle est isolée, si elle est détachée de l'ensemble, ne saurait être appréciée. Ce qui permet de la juger, ce sont ses rapports avec les institutions qui l'avoisinent ; c'est surtout sa convenance ou son impropriété avec le principe du gouvernement. Cette science, de l'accord entre le principe du gouvernement et les institutions qui l'environnent, cette sorte de politique qu'on pourrait appeler *transcendante*, pour l'opposer à la politique vulgaire, à la politique d'intrigues et d'expédiens, dans laquelle les hommes médiocres sont si supérieurs, cette sorte de politique, dis-je, est aujourd'hui le besoin de l'Europe ébranlée. La nouvelle institution devra donc avoir un double but et un double effet; elle devra être constituée de manière à garantir tout à la fois le principe monarchique contre les envahissemens du principe représentatif, et le principe représentatif contre les envahissemens du principe monarchique. Elle devra pouvoir défendre avec la même ardeur le pouvoir et la liberté. Les institutions serviles ne sont bonnes à rien. Il n'y a d'appui que ce qui résiste.

Mais comment satisfaire à tant d'obligations? Qu'on en reconnaisse seulement la nécessité, et les moyens d'y parvenir se présenteront en foule. J'en vais présenter un, non que j'y attache plus d'importance qu'à tout autre qui pourrait concourir au même but, mais seulement pour n'être point accusé d'avoir voulu me soustraire à une difficulté.

CHAPITRE XVIII.

DES MINISTRES D'ÉTAT.

« 1° Indépendamment de leurs fonctions législatives, la Chambre des députés et la Chambre des pairs, transformées en deux grands corps électoraux, formeront une liste de candidats parmi lesquels le roi choisira les ministres d'état.

2° Tout Français âgé de vingt-cinq ans, qui aura réuni la majorité des suffrages de l'une ou l'autre Chambre, pourra être nommé ministre d'état.

3° Les membres des deux Chambres ne pourront être portés comme candidats à la nomination du roi que par celle des Chambres dont ils ne font pas partie.

4° Les Chambres présentent trois candidats pour chaque place à nommer.

5° Les ministres d'état sont les représentans du monarque, pour toutes celles de ses attributions qui n'entraînent pas la responsabilité.

6° Les ministres d'état sont inamovibles.

7° Les ministres responsables ne peuvent être pris que parmi les ministres d'état.

8° Le conseil des ministres d'état est présidé par le roi; en son absence, par celui des membres du conseil qu'il aura désigné.

9° Les princes du sang peuvent, avec l'agrément du roi, assister aux séances des ministres d'état.

10° Ceux des ministres d'état qui, avant leur admission, auraient été revêtus d'autres fonctions, ne peuvent les cumuler avec les nouvelles.

Maintenant ma tâche approche de son terme. Une fois cette institution, ou toute autre du même ordre et visant au même but, une fois, dis-je, cette institution admise, tous les pouvoirs prendront naturellement et sans qu'il soit besoin d'interventions ni d'efforts, la place qui leur appartient. Une puissance d'attraction remettra insensiblement chaque chose à sa place. La loi des affinités politiques n'est pas moins invariable que celle des affinités physiques. Il ne me reste donc plus qu'à faire entrevoir quelles seraient pour nos destinées, partant pour celles de l'Europe, les principales conséquences de cet établissement. Placés au centre du continent et appuyés sur deux mers, c'est la loi de notre position qui veut qu'on nous contemple, et c'est notre destinée qui veut que de notre repos dépende le repos du monde.

CHAPITRE XIX.

POUR LA NATIONALITÉ DU POUVOIR ROYAL.

Si une obéissance passive, sans conviction et sans esprit public, était un lien social suffisant ; si même, en se bornant à une soumission matérielle, il suffisait de commander pour être obéi, et pour assurer l'inviolable exécution des actes de l'autorité, la science du gouvernement serait bien facile, ou plutôt ce ne serait plus une science.

Mais, soit comme individu, soit comme citoyen, l'homme n'est pas seulement un être physique. Il a besoin de trouver dans la sagesse des lois auxquelles il doit se soumettre une image agrandie de sa propre raison. Il doit y voir comme un rayon de l'intelligence qui gouverne le monde. Un peuple est un grand corps moral : c'est donc par une force morale qu'il est possible de le conduire. Une révolution n'a été possible, en 1789, que parce que les actes de son gouvernement n'entraînaient plus la confiance : il n'avait plus la force morale. Le vice secret qui a détruit et miné en peu de temps toutes ces constitutions improvisées au sein de nos discordes, c'est qu'on n'avait aucune confiance dans leurs auteurs. On les méprisait et on les redoutait : ils n'avaient point de force morale. Si la domination impériale eut d'abord plus de succès, c'est qu'elle trouva la licence fatiguée d'elle-même, et la force morale servit long-temps de cortége à la force militaire. Enfin si aujourd'hui, après un si grand nombre de tentatives, il faut encore travailler à fortifier la suprématie royale, le problème à résoudre ne peut rouler que sur le choix des combinaisons propres à lui concilier cette force morale, sans laquelle désormais aucune puissance sur la terre ne pourra plus se mouvoir.

Y a-t-il un meilleur moyen d'en entourer le principe monarchique que de lui donner pour cortége les hommes les plus recommandables du pays, que de le placer au centre de toutes les lumières?

Pour mettre en jeu toutes nos forces il faut

que l'impulsion parte de ce point. Les ministres d'état prépareront les lois, feront les réglemens d'administration publique. Nul arrêté des ministres responsables ne sera mis à exécution sans avoir été préalablement consacré par les ministres d'état. Il n'y a pas de vie politique sans un centre puissant. Une société n'existe pas de plain-pied. La hiérarchie est le premier de ses besoins. Si la centralisation descend dans les bureaux, ils la réduisent à leur taille; mais prise d'en haut, placée dans une institution semblable à celle dont je viens d'esquisser le modèle, c'est le plus grand des progrès.

Par la raison que dans l'aristocratie les ministres responsables sont toujours pris dans le corps aristocratique, dans la monarchie ils devront toujours être pris dans le corps monarchique. Un gouvernement ne doit jamais sortir de son principe : il ne peut trouver de sécurité que dans son centre. Le changement de ministres, c'est-à-dire l'usage de la prérogative royale, ne doit jamais être une crise pour l'état.

Si le roi prend ses ministres dans la majorité

de la Chambre des députés, cette majorité ne peut les lui fournir que dans son intérêt. S'il les demande à la majorité de la Chambre des pairs, elle ne peut à son tour les lui donner que dans l'intérêt de la majorité de la pairie. S'il les prend où bon lui semble, la volonté personnelle du roi n'a plus de limite; et tout système qui n'a pas de limite trouve promptement l'abîme dans lequel il doit s'engloutir. Il n'y a pas de force aujourd'hui qui puisse rendre importante une puissance politique isolée des intérêts généraux et qui ne fonctionnerait que pour elle. Il faut donc tout à la fois assurer l'indépendance des volontés royales et garantir le pays et la royauté elle-même contre les dangers des volontés personnelles du roi. L'institution des ministres d'état offre ce double avantage. Elle garantit tout à la fois l'unité et la nationalité du pouvoir monarchique. Puis, comme les conditions mises au mode d'en élire les membres se trouveront en rapport avec les besoins de l'élection, il n'y aura pas de corps mieux constitué.

Quand le roi changerait les dépositaires de

sa capacité exécutive, ou quand ils donneraient leur démission, ils iraient reprendre leur place dans l'institution à laquelle ils n'auraient pas cessé d'appartenir ; au lieu d'aller grossir les rangs de l'opposition et ajouter aux difficultés du gouvernement.

On ne les verrait plus déposer leurs porte-feuilles au pied de la tribune et déclarer que, pour les reprendre, ils attendront l'ordre de la Chambre.

Personne ne peut avoir la prétention de déraciner les ambitions parlementaires ; mais, en les contraignant à passer par la filière de l'institution monarchique, on annule tous leurs dangers.

Sans doute, quelque juste que soit la conduite d'un gouvernement, on peut la supposer plus juste encore ; la nature n'ayant donné à aucune personne, à aucun corps un tel degré de supériorité, comparativement à tous les autres, qu'il soit constant que la justice sera toujours du même côté. Il y aura donc toujours dans une assemblée une certaine quantité de personnes qui censureront les actes du pouvoir, et qui en demanderont de meilleurs. Ce sont ces personnes qu'on désigne sous le nom de *parti de l'opposition*, et c'est un des grands avantages des institutions représentatives que d'avoir ainsi légalisé la censure des actes publics, que d'avoir construit des canaux où les passions violentes, quelquefois même ennemies, circulent en toute liberté, et perdent leur danger dans la liberté même de cette circulation. *Si l'opposition n'existait pas, il faudrait l'inventer.* Une fois qu'elle ne sera plus le grand chemin du pouvoir, le seul inconvénient que puisse offrir les institutions représentatives sera détruit. Il n'y a péril que si la fortune et les honneurs deviennent nécessairement le prix de l'exagération.

Rien ne peut empêcher les princes de différer entre eux de capacité, d'avoir tantôt des facultés supérieures, tantôt des facultés secondaires. Mais l'institution est tellement combinée que ces différences ne pourront jamais maîtriser la marche du gouvernement. La part d'influence réservée aux princes d'une grande capacité sera en raison de cette capacité. Il n'y a là que de l'avantage; mais ceux qui en manqueraient, soit en raison de leur âge, soit en raison de leurs infirmités intellectuelles, seront mis par elle dans l'impuissance de compromettre les intérêts du pays. Ils auront encore les avantages des êtres réels : ils n'en auront pas les inconvéniens.

CHAPITRE XX.

POUR LE PERFECTIONNEMENT LÉGISLATIF.

Tout le monde convient aujourd'hui des inconvéniens attachés à notre mécanisme législatif. Nos lois sont mal préparées. Lorsque vient la discussion publique, les objections naissent de toutes parts, et souvent l'idée qui triomphe est née à l'improviste, du choc même de la discussion. Ou bien les dispositions les plus opposées se trouvent comprises dans le même projet : puis le scrutin vient consacrer cet étrange amalgame. Il y a pour cela deux raisons : la première, c'est qu'aucun corps n'a aujourd'hui l'indépendance nécessaire pour cet important travail ; la seconde, c'est que le travail de rédaction ne peut pas être plus mal placé que dans une assemblée. La loi est l'ouvrage d'un homme, de Sully ou de Colbert. La discussion ne doit être que le creuset qui l'éprouve et non qui la change. Préparée par celui des ministres d'état qui aurait la plus ample connaissance de la matière, la tâche des autres serait de la soutenir devant les Chambres, d'en rappeler sans cesse le but principal et de veiller à ce que la discussion s'en écarte le moins possible. Il importe que la loi soit bonne et non qu'elle passe. Sans doute la dignité du trône est que les propositions faites en son nom soient accueillies ; mais c'est toujours avec cette condition absolue qu'aucun succès ne s'obtienne en sacrifiant l'esprit et la tendance monarchique. Les ministres d'état auront toujours fait assez, lorsque le principe du gouvernement sera resté sans altération.

Le pouvoir monarchique étant devenu incontestablement le pouvoir dominant, les Chambres à leur tour deviendront de véritables pouvoirs-limites. Après avoir reçu toutes les garanties d'influences compatibles avec la suprématie monarchique, puisque nul ne pourra devenir ministre d'état, partant ministre à portefeuille, sans avoir préalablement été investi de leur confiance, elles pourront se livrer avec la plus parfaite indépendance à l'examen des lois qui leur seront présentées.

N'ayant plus d'intérêt à renverser les ministres, puisque, dans les règles représentatives adaptées au principe monarchique, ils ne seraient pas pris dans les Chambres, les majorités s'y formeraient sous l'empire des combinaisons spontanées, selon que les propositions de la couronne leur paraîtraient bonnes ou mauvaises. Les oppositions systématiques périraient faute d'aliment. Les lois étaient votées dans un intérêt ministériel : elles le seraient dans l'intérêt du pays.

Chaque renouvellement de la Chambre ne serait plus une crise, et on verrait enfin disparaître ces ouragans qui, de distance en distance, bouleversent notre sol et renversent tout ce qui se trouve sur leur passage.

La responsabilité ne serait plus un vain mot; parce que les majorités systématiques ayant cessé d'exister, tous les griefs seraient assurés de trouver des vengeurs. Ainsi expliquée dans ses rapports avec les pouvoirs-limites, la nouvelle institution aurait encore un grand avantage et amènerait de grands perfectionnemens.

Les prérogatives de la couronne recevraient leur sanction de l'impossibilité où seraient les Chambres d'y porter atteinte. Mais si, en rejetant une loi, elles rejettent en même temps les ministres qui la présentent, ce n'est plus le roi qui gouverne; et cependant ce ne sont pas les Chambres; j'en ai démontré l'impossibilité. C'est un système bâtard qui n'a de nom dans aucune langue. C'est une position transitoire dont, si elle venait à se prolonger, il serait impossible de calculer l'issue.

CHAPITRE XXI.

POUR LA CONCILIATION DES PARTIS.

Ce serait une grande faute aux deux Chambres de refuser leurs voix pour l'élection des ministres d'état aux membres de nos diverses oppositions, et de continuer à les refouler sans cesse sur elles-mêmes. Pour que les hommes supérieurs de tous les partis s'entendent, il ne faut que les séparer des médiocrités qui les environnent. On obtiendra le sacrifice des idées particulières en leur offrant un refuge dans une institution nouvelle. On peut fondre les partis dans un sentiment général, si on commence par réunir les chefs sous un même symbole. Mais ils resteront en dehors de la position actuelle, et ils continueront tous leurs efforts pour la renverser, tant qu'ils ne trouveront pas un moyen honorable d'y entrer.

Il est temps enfin que des hommes d'intelligence et d'action ne tournent pas contre la société les forces qu'ils doivent employer à son profit. Jetons au vent toute la poussière de nos haines. Le gouvernement a proclamé la liberté de toutes les opinions, la liberté pour ses amis comme pour ses ennemis. Il ne veut la victoire qu'à la condition de la discussion et de la contradiction. Il y a un moyen de régulariser cette promesse de la manière la plus efficace, c'est de faire représenter toutes les opinions dans l'institution des ministres d'état. Le roi vient de placer toutes les vieilles gloires de la France dans le musée de Versailles, sans distinction d'époque. Il lui reste à remplir une tâche du même ordre, mais d'une bien autre portée.

L'institution des ministres d'état devrait donc être un faisceau de toutes nos supériorités, à quelque parti qu'elles aient appartenu jusqu'ici. Ce n'est pas l'esprit qui nous manque; nous en sommes saturés. Mais, une triste expérience l'atteste : l'esprit s'ajuste à toutes les positions, trouve des argumens pour toutes les faiblesses, des sophismes contre tous les périls. Alors même qu'il raisonne pour la liberté, l'esprit n'est souvent encore qu'un instrument de servitude. Ce sont d'honorables caractères qui nous sont indispensables. Les ministres d'état devraient donc être pris indistinctement parmi tous les hommes qui, remplis d'un même amour pour la France, n'ont pas pu s'accorder jusqu'ici sur les moyens de la servir; parmi les hommes qui, avec des opinions contraires sur une foule de points, sont cependant d'accord sur le maintien de notre grandeur et de notre gloire.

Le secret d'un gouvernement né consiste pas à frapper les partis les uns après les autres, mais à se les concilier tous. Le triomphe d'un parti ne sera jamais la fin de tous les partis. Telle fut la pensée de Napoléon après le 18 brumaire; et, si sa domination eut d'abord tant de succès, si la France vint se ranger avec tant de précipitation sous l'abri de son épée, c'est que l'intelligence publique sanctionnait cette abnégation de haines et de sentimens passionnés.

En dehors du cercle qu'on peut appeler le

cercle politique, il y en a un autre qu'il faut aussi songer à se concilier, c'est *le cercle populaire*. Dans l'état actuel des choses, si l'on venait à les confondre, ou même, si, sans les confondre, on venait à abaisser sensiblement le cens électoral, on amènerait une révolution favorable au principe purement démocratique. Mais quand on aura donné au monarque des représentans de sa capacité irresponsable, autres que ceux de sa capacité responsable; quand, entre la direction des affaires et tous les profits de l'administration, il y aura un obstacle bien autre que le renversement de six à sept ministres par la majorité d'une boule; quand il y aura une grande institution qui tirera sa force de la force même des pouvoirs de l'état et de celle de la population tout entière; quand vous aurez concentré autour du trône la pensée et l'action gouvernementales; quand la pépinière ministérielle sera assez abondamment pourvue et assez diversement assortie pour satisfaire à tous les besoins de la prérogative; en un mot, quand on aura fait pour la garantie de l'efficacité du principe monarchique ce que la fortune de l'Angleterre avait fait pour la garantie de son principe aristocratique : plus alors vous étendrez le cercle politique , plus vous aurez de chances de repos et de prospérité. La force qu'on aura mise au sommet de la pyramide laissera la faculté d'en élargir la base. Quand la place des grandes capacités est préparée, il ne peut y avoir que du profit à les mettre en lumière. Dans l'état actuel de la civilisation, une nouvelle dynastie a besoin d'une nouvelle idée qui la signale au monde ; et il ne lui serait pas sage de laisser derrière elle la solution de la plus grande difficulté qui l'environne. Le gain d'une institution vaut mieux que celui d'une bataille.

Notons bien que cette fusion des partis comme cet agrandissement du cercle politique ne peuvent que favoriser l'affermissement de la branche qui nous gouverne. Contre les tendances républicaines, elle aura les hommes dévoués au principe monarchique, quelle qu'ait été la nuance à laquelle ils appartenaient. Contre les partisans de la branche aînée, elle aura les partisans de la république et les siens. Contre l'arbitraire, elle aura tous les amis de la liberté : de sorte que, quel que soit le sujet soumis à la délibération, le résultat ne peut qu'être favorable au maintien de ce qui existe.

Il reste donc un moyen bien simple de dégager la position : c'est la création de l'institution des ministres d'état. Il n'y a aucune disposition de la Charte, aucune induction même de son esprit, qui puisse s'y opposer. Au contraire, la Charte est en danger, faute de ce complément à la pensée qui la domine.

CHAPITRE XXII.

DES FONCTIONS PERSONNELLES DU MONARQUE DANS LA MONARCHIE REPRÉSENTATIVE.

Dans l'aristocratie représentative, c'est le corps représentatif des intérêts aristocratiques qui a l'option entre les divers systèmes de politique intérieure et extérieure qui peuvent diviser les esprits. Son choix une fois fait, il l'impose à la couronne, à l'aide de ministres pris dans le sein de sa majorité. *Le roi règne et ne gouverne pas.*

Dans la monarchie représentative, chaque pouvoir a sa part dans l'ensemble des opérations indispensables à la marche du gouvernement. La part du roi, celle qui lui est tout-à-fait personnelle, celle dans laquelle il ne peut être remplacé par qui que ce soit, c'est la nomination de ses représentans, la nomination des ministres responsables et des ministres irresponsables. L'action du roi qui se manisfeste par l'exercice de cette prérogative est distincte de toutes les autres actions gouvernementales. Le contre-seing d'un ministre, dans cette circonstance toute particulière, ne sert qu'à constater l'authenticité de celle du roi. C'est par là que la monarchie représentative diffère et de l'aristocratie et de tous les autres gouvernemens à institutions du même ordre. C'est le pouvoir monarchique qui impose son système; c'est le roi qui personnifie la volonté générale. *Le roi règne et gouverne.*

Sans doute, dans cette circonstance comme dans toutes les autres, la prérogative royale doit s'exercer dans les limites posées par l'intérêt général. La loi doit tracer un cercle dont le monarque ne pourra pas sortir; mais non pas le placer dans un étau où il lui sera impossible de se mouvoir : et joignant l'outrage à l'injustice, le contraindre tous les jours à signer de son nom et à marquer de son sceau cette déposition anticipée.

C'est une grande puissance que celle des maximes, et les hommes politiques tirent toujours une grande influence de celles dont ils font profession. Si donc l'école spéculative parvient à substituer la première à la seconde, si elle fait adopter pour symbole « le roi règne et ne gouverne pas » au lieu de « le roi règne et gouverne », elle prend, sans le vouloir sans doute, un moyen que je regarde comme infaillible de détruire la monarchie. Il faut bien préciser ce point, afin que chacun puisse envisager la dernière limite de celle des deux maximes qu'il lui convient d'adopter ou de combattre. Il y a là deux drapeaux. Abandonner l'un pour suivre l'autre, c'est passer à l'ennemi. Servir en même temps sous tous les deux, est impossible.

En prenant la couronne, le roi jure à Dieu en présence des Chambres de ne GOUVERNER *que par les lois et selon les lois*. Comment veut-on qu'il gouverne, si ce n'est pas lui qui nomme ses ministres, s'il n'a pas le droit d'avoir un avis sur les questions qui intéressent son gouvernement, si même les conseils doivent se tenir hors de sa présence? car tous ces avis ont trouvé des partisans. Si le sens commun se refuse à reconnaître la nécessité des institutions représentatives sans leur influence sur la marche du gouvernement, il se refuse de même à reconnaître la nécessité du monarque sans son influence sur le mouvement de la monarchie. Je viens de le dire : la royauté en France n'est pas une puissance effacée, un pouvoir neutre, un spectateur indifférent des luttes parlementaires. C'est le premier des intérêts publics.

On répète sans cesse que cette intervention du monarque détruit la responsabilité des ministres; qu'il n'est pas juste de les rendre responsables d'une volonté qui n'est pas la leur. J'ai distingué la responsabilité qui s'attache nécessairement à l'exercice de la capacité exécutive du monarque, de l'irresponsabilité inhérente aux actes qui émanent de sa capacité gouvernementale. Ainsi toutes les objections sont réfutées. Mais même dans l'état actuel des idées et des institutions, les ministres n'ont-ils pas la faculté de se retirer quand le roi veut faire prévaloir une volonté qu'ils croient pouvoir compromettre leur responsabilité? L'exemple donné par M. Thiers est-il si difficile à suivre? « Le cabinet se retire, a-t-il » déclaré, en déposant son portefeuille, parce » qu'il est en dissentiment avec la personne » royale sur la question de politique étrangère » qui touche en ce moment de plus près à la » sécurité et à la dignité de la France. » Que, si d'ailleurs on a tant de scrupules au service des ministres, il est étrange qu'on en ait si peu au service du roi. Prétendre qu'un ministre doit exécuter tout ce que veut le roi, au hasard de sa responsabilité, c'est une absurdité. Mais vouloir que le roi consente à tout ce qui plaît à ses ministres, au hasard de l'intérêt du pays et de la sûreté de son trône, c'en est une autre. N'y a-t-il donc pas autant de ministres qui ont mis en péril la couronne des rois que de rois qui ont exposé la responsabilité de leurs ministres? « Du jour donc où il sera établi en fait que la Chambre des députés peut repousser les ministres du roi et lui en imposer d'autres; de ce jour c'en est fait de cette royauté de laquelle la France a reçu tant de bienfaits, et qui seule peut encore lui procurer ceux qu'elle réclame. »

Ce n'est pas pour que le roi ne puisse *rien faire* que nous avons adopté cette maxime *le roi ne peut mal faire;* mais parce que, par la nature de nos institutions, la loi a pris toutes les précautions pour que celles de ses volontés qui seraient contraires à l'intérêt général ne pussent jamais arriver jusqu'à la société. Ce n'est pas parce que le roi ne peut rien faire, que la loi interdit de faire remonter jusqu'à lui les actes de son gouvernement, mais parce que la responsabilité des dépositaires de son pouvoir exécutif, jointe à son intervention, en ôte tous les inconvéniens pour ne lui laisser que ses avantages, et que les conditions morales de l'inviolabilité doivent rester sans atteinte.

Tel est le véritable esprit de la monarchie représentative. Mais, si l'on parvient à convaincre la France que la prépondérance de direction qui se manifeste par le choix des ministres n'appartient pas au roi; que le roi doit cesser d'intervenir dans les délibérations de son gouvernement; en un mot qu'il doit cesser de gouverner, on abrége beaucoup le travail de ceux qui enseignent qu'il doit cesser de régner.

A l'avénement d'une dynastie, la situation dépend nécessairement de la manière dont le nouveau roi la comprend. L'opinion du roi sur toutes ces questions est donc d'un grand poids. En 1830, quand le principe révolutionnaire s'apprêtait à déborder sur l'Europe (et ceux qui l'attendaient dépassaient en nombre ceux qui en redoutaient l'approche), le roi eut la force de le contenir et de la préserver. Cependant il ne pouvait pas ignorer qu'en le forçant à se replier sur la France, ce serait lui qui aurait à le combattre. Il est ici sous sa forme la plus séduisante et la plus dangereuse.

CONCLUSION.

On demande souvent comment il se fait que les gouvernemens représentatifs ont tant de peine à s'établir, et pourquoi les mêmes embarras, les mêmes tiraillemens se font sentir à Paris, à Madrid et à Lisbonne. Je l'ai dit : c'est parce qu'il n'y a pas de gouvernement représentatif; c'est parce que la base sur laquelle on croit s'appuyer est purement fantastique. L'idée d'un gouvernement représentatif normal dont celui de la Grande-Bretagne serait le type éternel, est la grande aberration de notre époque. Les peuples font de vains efforts pour substituer une nationalité étrangère à leur propre nationalité. Semblables au pilote Athamas, que la vengeance d'une divinité ennemie éloignait d'Ithaque sa patrie, ils ont devant eux un faux ciel et une fausse terre. Plus ils avancent en apparence, séduits par ces trompeuses images, plus ils reculent en réalité; plus ils s'éloignent de la véritable Ithaque, de la véritable terre de la patrie.

Ici ma conviction est si profonde, et la logique si puissante, que je ne désespère pas de dissiper le prestige. Alors apparaîtront dans leur pureté les principes d'une science nouvelle, dont l'application sera aussi simple qu'était impossible celle que je viens de combattre.

Un gouvernement à plusieurs pouvoirs ne peut périr que de deux manières, ou par le mal que le pouvoir dominant se fait à lui-même, s'il n'est pas suffisamment contenu par les pouvoirs-limites; ou par le mal que lui font les pouvoirs-limites, si, au lieu de le contenir, ils le dominent. Ainsi, donner au pouvoir dominant la force qui lui est indispensable pour faire le bien, et aux pouvoirs-limites la force qui leur est indispensable pour empêcher le mal : la théorie politique tout entière est comprise dans ce peu de mots.

L'institution des ministres d'état me semble

résoudre le problème pour ce qui concerne la monarchie représentative. Le pouvoir royal aura tous les moyens nécessaires pour garantir l'ordre général. Le pouvoir parlementaire aura tous les moyens nécessaires pour garantir les libertés publiques. A l'aide de ce nouveau rouage, *la machine à gouverner* fonctionnera facilement, librement, et nous ne craindrons plus d'en voir, à chaque instant, briser le principal ressort. Ce ne serait pas un bon argument à m'opposer que celui de la nouveauté de mes idées. Quand on veut consolider un gouvernement, il faut prendre des moyens autres que ceux devant lesquels le précédent a succombé.

Ainsi, sans le secours d'une nouvelle institution appuyée sur ces idées, les moyens que le pouvoir monarchique a de résister ne sont pas en proportion avec ceux que l'on a de l'attaquer. S'il reste à l'état de personnification, sans représentation, il n'est pas de force à lutter long-temps, et tôt ou tard il faudra qu'il succombe. L'heure de la défaite peut être reculée; mais il me paraît impossible de l'éviter. Après un triomphe éphémère sur des oppositions qu'on croira ne venir que des hommes, on succombera infailliblement devant celles qui se trouvent dans les choses, quand on ne sait pas les faire mouvoir dans leur véritable sens.

La direction de l'ordre social exige d'autres combinaisons, parce que les élémens de la civilisation sont différens. L'Europe marche vers des destinées nouvelles; mais ce n'est pas le système anglais qui peut lui servir de guide. Il faut qu'elle patiente encore et qu'elle attende d'ailleurs le lever de son avenir. Pour qu'un peuple soit grand, il faut qu'il ait son caractère à lui, sa pensée distincte, son gouvernement spécal. La postérité ne s'enquerra point des imitateurs.

Un grand destin s'achève : un grand destin commence *.

L'homme du temps présent ne ressemble plus à l'homme des temps passés. Aujourd'hui il examine tout, il discute tout, il conteste tout.

* Corneille, tragédie d'*Attila*.

Aucun obstacle ne l'arrête; il triomphe de la durée; il triomphe de l'espace; la vapeur lui a donné des ailes. La nature entière sent fléchir ses lois sous l'audace de ses entreprises. Tout s'est agrandi : le flux de l'opinion d'un hémisphère a son reflux dans l'opinion de l'autre. Au milieu d'une civilisation ainsi faite, la royauté ne saurait atteindre le but pour lequel elle est instituée, ne saurait conserver sa suprématie sans un grand accroissement dans la proportion de ses moyens. Ce n'est pas dans l'intérêt de la personne royale que cet accroissement est nécessaire, mais dans l'intérêt de cette société pour laquelle elle existe. Une institution en parfaite harmonie avec le principe monarchique peut encore réparer tout le mal causé par celles qui y seraient contraires.

Si donc vous désirez sincèrement le maintien de ce principe, ne vous endormez pas dans une fausse sécurité. La politique n'est pas seulement l'intelligence du mal, c'est surtout la connaissance du remède. C'est donc un remède qu'il faut employer. A côté des progrès toujours incessans de la science exacte, au milieu des merveilles qui vont renouvelant la face du monde matériel, l'école spéculative ne peut guère espérer de retenir plus long-temps le monde politique et moral, emmailloté dans les langes de 1688. Soyez donc aussi de votre temps; ne croyez pas aux impossibilités. Les circonstances ne sont fortes que quand les hommes sont faibles. Enlevez, non pas pour un jour, non pas pour une session, mais pour toujours, l'espoir à vos adversaires. Ne laissez pas, une seconde fois, arriver le moment où tout gouvernement deviendrait impossible. La place est encore vacante; mais, si vous ne vous empressez pas de la prendre, elle sera bientôt envahie. En révolution, comme à la guerre, la rapidité de la décision décide souvent du gain de la bataille.

Lasalle, 1er novembre 1837.

FIN.

TABLE DES MATIÈRES.

FIN DE LA TABLE.

www.ingramcontent.com/pod-product-compliance
Ingram Content Group UK Ltd.
Pitfield, Milton Keynes, MK11 3LW, UK
UKHW012215240726
13966UKWH00003B/775